काव्य तरणि

(काव्य संग्रह)

गीता अग्रवाल

PRACHI
DIGITAL PUBLICATION

Title : Kavya Tarani

Author : Geeta Agarwal

Edition : First (February, 2025)

ISBN : 9789348332646

Published by

PRACHI
DIGITAL PUBLICATION

Regd. Add.: 254, Khuriyakhatta No. 10, Bindukhatta,
Lalkuan, Nainital - 262402, Uttarakhand, India
Website : www.prachidigital.com
E-mail : info@prachidigital.in
Phone : +91 976041 7980, +91 976041 8103

Printed by :
Manipal Technologies Limited, Bengaluru - 560001, Karnataka

समर्पण

विनीत कुमार गुप्ता

'काव्य तरणि' यह पुस्तक मेरा तीसरा एकल काव्य संग्रह है। जो मेरे प्रिय बड़े भाई श्री विनीत गुप्ता को जो उरमूल डेयरी, बीकानेर में एग्जीक्यूटिव इंजीनियर के पद पर कार्यरत रहे को समर्पित है।

श्रद्धा सुमन अर्पित करते हुए–

तुम्हारे नाम की राखी

कच्चा धागा भाई कलाई में, आरजू से बांधा था।
जिंदगी की रुसवाईयों ने, किया मजाक ज्यादा था।।
दिल के सदा करीब रहे, पर नसीब से दूर हो गए।
मेरे भैया मेरे चँदा, अब दूर, बहुत दूर, दूर हो गए।।
भाई बहन के साथ नहीं, यह कुदरत का कैसा खेल।
जितना रब ने चाहा, उतना रखा बस साँसों का मेल।।
साँस डोर जब छिन गई, कच्चे धागे का क्या मोल।
बहन रक्षा को अब, कहाँ, कब आएँगे भाई के बोल।।
है बस अब बिछोह की डोर, नजर न आए ओर –छोर।
राखी त्योहार आया, मेरे लिए बस यादों का साया।।
मेरे भैया, प्यारे भैया जहाँ भी हो, तुम खुश ही रहना।
तुम्हारे नाम की राखी, सँजो रही तुम्हारी दुखियारी बहना।।

– गीता अग्रवाल, हैदराबाद

शुभकामना संदेश

अक्सर अपनी राह चलते हुए हमें रास्ते में कुछ ऐसे भी साथी मिल जाते हैं, जो नन्हें-नन्हें कदम चलते हुए पूरे विश्वास से अपनी मंजिल तक पहुँच ही जाते हैं।

हमारी अति प्रिय मित्र गीता अग्रवाल जी से मेरा परिचय बस कुछ ही वर्षों का है। मैंने आपको हल्का-फुल्का चलने के बाद मैराथन तय करते देखा है। आरम्भ में केवल मुक्त कविता लिखने वाली गीता जी आज बड़े विश्वास के साथ गीतों और ग़ज़ल की दुनिया में भी अपने रंग दिखा रही हैं आपके सृजन ने समाचार पत्रों, , पत्रिकाओं और कई संकलनों में सहभागिता की है।

आपकी निरन्तर सक्रियता ने साहित्य के कई आयाम छुए हैं। मेरी ओर से भविष्य के लिए अनंत शुभकामनाएँ।

सुनीता लुल्ला
संस्थापक, निदेशक
काव्यधारा प्रकाशन
पूर्व प्रधानाचार्य
साधु वासवानी, हाई स्कूल, हैदराबाद
9391173094

शुभकामना संदेश

प्रत्येक पुस्तक अपने रचयिता का व्यक्तित्व व्यक्त करती है। अगर रचनाकार बहुमुखी प्रतिभा का धनी हो तो पुस्तक की सार्थकता स्वत: बढ़ जाती है। गीता अग्रवाल जी की पुस्तक 'काव्य तरणि' के संदर्भ में यह विश्वास और भी अधिक है क्योंकि उनके सृजन और सेवाभाव का साक्षी मैं स्वयं रहा हूँ। मैंने उन्हें पढ़ा भी है; सुना भी है; और उनके कहे गए को उनके द्वारा ज़मीन पर उतरते हुए देखा भी है। वे सृजनधर्मी होने के साथ-साथ समाजसेवी भी हैं। दो प्रकार के रचनाकार हैं-

एक, अपनी बात लिखने वाले; दूसरे, सबकी बात लिखने वाले। गीता अग्रवाल जी दूसरी कोटि वाले रचनाकारों में आती हैं। उनकी कविताएँ 'सर्वजन हिताय' की बात करती हैं। उनका सृजन दायित्वबोध लिए हुए है। व्यक्ति और समाज के विषय में उनके अपने विशेष अनुभव हैं। उन अनुभवों के मंथन से निकला अमृत-कलश है- काव्य तरणि; जो समाज को केवल अमरत्व की ओर ले जाता है। उनके भावों में भटकाव नहीं है। वे पाठकों को उलझन में नहीं डालतीं अपितु उलझनों को सुलझाने का काम करती हैं। भाषा, भाव और शिल्प की दृष्टि से कुछ नए प्रयोग उनकी रचनाओं में मिलते हैं, लेकिन उन्होंने इनकी व्यवस्थाओं से विद्रोह नहीं किया है। नवीनता और प्राचीनता का संतुलन यहाँ स्पष्ट देखा जा सकता है।

पुस्तक प्रकाशन के अवसर पर मैं उनके लिए शुभेच्छाएँ संप्रेषित करता हूँ- यह पुस्तक समाज को स्वस्थ बनाए रखने में वैद्य की भूमिका निभाए; उनके यश में चार चाँद लगाए...

डॉ. राजीव सिंह 'नयन'
शिक्षाविद एवं साहित्यकार

हिंदी के क्षेत्र में अग्रणी भूमिका

हैदराबाद की सक्रिय नित्य रूप से लिखने वाली लेखिका गीता अग्रवाल ने हिंदी के क्षेत्र में अग्रणी भूमिका निभाई है। वह प्रतिदिन समय अनुसार विषयों पर अपनी लेखनी चलाती रहती हैं और समय की मांग को पूर्ण करती हैं। गजल, कविताएँ, छंद मुक्त कविताओं पर अब ज्यादा ध्यान रहता है, जो स्थानीय समाचार पत्र हिंदी दैनिक मिलाप, स्वतंत्र वार्ता, हैदराबाद, प्रेरणा पुंज अमरावती महाराष्ट्र, अमर उजाला, युग पक्ष बीकानेर आदि समाचार पत्रों में प्रकाशित होती रहती हैं।

वह किसी भी विषय पर अपने विचार व्यक्त करने का हौसला रखती हैं, और वे उस विषय पर तुरंत लिख देती है। उनके अब तक दो एकल काव्य संकलन, 18 साझा काव्य संकलन प्रकाशित हो चुके हैं, यह पुस्तके अमेजन और फ्लिपकार्ट पर उपलब्ध हैं, जिसको अनेकानेक लोगों ने पढ़कर अपनी शुभकामनाएं दी हैं।

उनका यूट्यूब चैनल काफी लोग पसंद कर रहे हैं। जिसमें परंपरागत अपने त्योहारों के ऊपर वीडियो एवं कविताएं निरंतर देखकर पाठकों द्वारा बधाइयां दी जाती हैं।

हम उनके उज्जवल भविष्य की कामना करते हैं।

के. पी. अग्रवाल
(मानद मंत्री, पूर्व अध्यक्ष एवं संस्थापक)
अग्रवाल समाज गच्चीबोली शाखा
हैदराबाद, एडवर्टाइजमेंट एसोसिएट
डेली हिंदी मिलाप समाचार पत्र, हैदराबाद
स्वैच्छिक रिटायरमेंट
ब्रांच मैनेजर
यूनाइटेड इंडिया इंश्योरेंस कंपनी लिमिटेड, मुरादाबाद

अनुक्रमणिका

क्र.सं.	शीर्षक	पृष्ठ सं0
1	लेखकीय	12
2	शारदे माँ स्तुति	13
3	गणपति बिगड़ी बात बना दो	15
4	नमन राम अवतार को	17
5	श्रीकृष्ण जन्म कहानी	18
6	आया रवि लिए रश्मि	20
7	जन्मों के रिश्ते	21
8	आँसुओं की बहार	22
9	गणितीय कविता	23
10	उक्ति	24
11	कविता है प्रेयसी	25
12	संकल्प	26
13	देने वाला ऊपर वाला	27
14	किताबें बोलती हैं	28
15	पैसा ही भगवान है	29
16	कृशकाय (दुर्बल)	30
17	पीहर की यादें	31
18	कंथा	32
19	मन्मथ	33
20	मुक्तक	34
21	स्पंदन	35
22	चमके रिश्ते मून से	36
23	आज मैं सिर्फ आप पर लिखूँ	37

24	मुक्तक	38
25	सार्थक जीवन की राह पर	39
26	रिश्ते निभाने में फेसबुक सबका नवाब	40
27	रूह का महका चमन लिखूँ	41
28	रुक जाना नहीं तू कहीं हार के	43
29	सोपान	44
30	कठोर नियम मृदु हृदय	45
31	गुलाबी रंगत	46
32	हम नृत्य करने आए हैं (गीत)	47
33	मुक्तक	48
34	झूठ के पांव न होते	49
35	जहाँ न पहुंचे रवि पहुँचे कवि	50
36	कुरुक्षेत्र	51
37	प्यार का सागर	52
38	नदी हूं नदी का किनारा नहीं हूं	53
39	जिस चेहरे पर गुमान था	54
40	शब्द	55
41	सबकी जान आफत में आई	56
42	त्याग की मूरत उर्मिला	58
43	जिंदगी का सुंदर जाम	59
44	मन्नत के धागे	60
45	छुप छुप कर	61
46	महान देश के बालक	62
47	तेरे मेरे सपने	63
48	बन न जाना 'दूज का चाँद'	64
49	आप्त	65
50	हाथ छूटने से पहले	66
51	रीति रिवाज	67

52	जीवन संगीत	68
53	आस का दीप जलाता जा	69
54	नन्हे मुन्ने बच्चे	70
55	जरा सी आंख लगने में ...	71
56	मन की बात	72
57	मुक्तक	73
58	एक मुलाकात	74
59	चाँद के सपने	75
60	कभी न जाना दूर	76
61	इंसान इंसान को निचोड़ रहा	77
62	शायरी तुम्हारी	78
63	कौन अपना कौन पराया	79
64	अब फोन जीत गये	80
65	हुनर है तो कदर है	81
66	हिन्दी है मंजिल	82
67	बचाने दामन	83
68	प्रीत के गीत गाने दो	84
69	पाप पुण्य	85
70	मुक्तक	86
71	जाना उस पार है	87
72	भारत है गुणों की खान	88
73	मुक्तक	89
74	किस–किस की सुनूँ	90
75	दुनिया गोल है	91
76	मुक्तक	92
77	दोस्ती की जलती रहे ज्योत	93
78	चल सुमिरन पथ पर	94
79	प्रण	95

80	जीवन का लक्ष्य	96
81	हादसों के सितम	97
82	मैं हूं बादल आवारा	98
83	ये जीवन हमारा	99
84	चलो शिव के आँगन	100
85	मुक्तक	101
86	बरखा रानी बरसो रे	102
87	परदेसी पिया	104
88	अधूरे ख्वाब	105
89	स्नेह के धागे	106
90	अपार खुशियाँ योग से जीवन में	107
91	मुक्तक	108
92	जिंदगी का वरदान	109
93	पक्षियों की व्यथा	110
94	जिगर का टुकड़ा	111
95	क्षितिज में चमकता चांद	112
96	जीवन अंदाज	113
97	हौसले से भरी पतंग	114
98	दीया तले अंधेरा	115
99	विवेकशील मानव	116
100	जीना आसान	117
101	रस्ता कहां है ?	118
102	अधर व्यथा	119
103	संवत्सर के तीर बैठ कर	120
104	भोर की पहली किरण	121
105	आहें दरिया की	122
106	सहारा	123

लेखकीय

'काव्य तरणि' की इस यात्रा में मैंने भाव के कई रंग समेटे हुए हैं। कुछ आसपास का असर, कुछ अपने स्वयं के अंदर उमड़ती हुई भावनाएँ, हमारी परंपराएं, हमारी आस्थायें विश्वास, प्रेम, छल कपट आदि सभी का असर मानव हृदय पर पड़ना स्वाभाविक है, और जब दिल पर यह सब बातें असर करती हैं तो लेखनी अपने रास्ते पर चल पड़ती है। यह सब दिल से दिल तक की यात्रा है।

हम सभी जानते हैं की जो पल आया है, वह कभी एक सा नहीं रहता, कभी हम खुश होते हैं, कभी गमगीन होते हैं, कभी हमारी नींद चुरा ली जाती हैं, कभी हम आस्था में भीगे रहते हैं। यही सब हमारे जीवन का हिस्सा हैं, यह लेखन आपके दिल को जरूर छूएगा, क्योंकि आपका हमारा दिल तो एक सा ही है, विभिन्न भावों से सभी गुजरते हैं, और सभी के भाव एक दूसरे के लिए बहुत मायने रखते हैं। जब आप पढ़ेंगे तो आप अपने दिल के करीब ही उसको समझेंगे। मेरी कविताएं नियमित समाचार पत्रों में छपती रहती हैं और पाठक बहुत पसंद करते हैं, सुनना पसंद करते हैं, तभी प्रोत्साहन मिलता है, और इस प्रोत्साहन के सहारे ही मैं अपना यह तीसरा एकल काव्य संग्रह प्रकाशित करने का साहस कर पा रही हूं।

इससे पूर्व 'दिल ने कहा', 'चिराग जलता रहे' (गजल संग्रह), इंद्रधनुष (साझा संकलन, संपादन) 'विश्व की अखंड किरणें' (अंतर्राष्ट्रीय साझा संकलन, संपादन, हिंददेश परिवार) और लगभग 18 साझा काव्य संकलन प्रकाशित हुए हैं। अपने पाठकों का मैं बहुत-बहुत दिल से आभार प्रकट करती हूँ। इस पुस्तक को प्रकाशित करने का संपूर्ण श्रेय मेरे पति श्री कृष्ण प्रकाश अग्रवाल को जाता है। जिनके सहयोग के बिना कुछ भी संभव नहीं था।

– गीता अग्रवाल, हैदराबाद

शारदे माँ स्तुति

हम इंसान अज्ञानी हैं, तेरे दर पर आए हैं।
मां शारदे वर दे वर दे, बुद्धि जगाने आए हैं।।

समझ सके तुक लय ताल को
समझ सकें, जग माया जाल को,
न मन मंदिर में रहे अँधेरा
रहे सदा ही ज्ञान सवेरा,
अंधकार मिटाने आयें हैं,
वीणा वादिनी वर दे वर दे,
बुद्धि जगाने आए हैं।

हम इंसान अज्ञानी हैं, तेरे दर पर आए हैं।
मां शारदे वर दे वर दे, बुद्धि जगाने आए हैं।।

तेरी कृपा से वाणी मिली माँ
कंठ में स्वर की महिमा जगी माँ,
मन विकारों से भरा पड़ा है
दुखों का क्यूँ असर हुआ है,
विकार मिटाने आए हैं,
हंस वाहिनी, वर दे वर दे,
बुद्धि जगाने आए हैं।

हम इंसान अज्ञानी हैं तेरे दर पर आए हैं।
मां शारदे वर दे वर दे, बुद्धि जगाने आए हैं।।

विवेक से जीवन भरा रहे माँ
सत्य झूठ का ज्ञान रहे माँ,
समझदारी की दिशा बता दे
नासमझी को मन से हटा दे,
अहंकार मिटाने आए हैं,
ज्ञान की देवी, वर दे वर दे,
बुद्धि जगाने आए हैं।

हम इंसान अज्ञानी हैं तेरे दर पर आए हैं।
मां शारदे वर दे वर दे, बुद्धि जगाने आए हैं।।

गणपति बिगड़ी बात बना दो

गौरी नंदन, शिवनंदन,
तुम संकट, हमरे टारो।
बिगड़ी बात बना दो,
गणपति बिगड़ी बात बना दो।।

कलयुग के हम हैं मानव
होती हमसे गलती,
क्षमा करो ओ संकट नाशक
बचालो ये धरती,
निरोगी काया, धन की माया
सबकी हो पूर्ति,
आलस्य से दूर रहें ओर
तन में हो स्फूर्ति,
बुद्धिदाता, मंगल प्रदाता
जीवन सुलभ बना दो।
बिगड़ी बात बना दो,
गणपति बिगड़ी बात बना दो।।

अशुभ को तुम, शुभ कर देना
करें दूब, नारियल अर्पण,
विपदा हमारी सब हर लेना
खुशियों का हो दर्पण,
विनती उनकी तो सुन लेना
जो श्रद्धा भाव समर्पण,
तन की माया से दूर रहे सब
आत्मा से आत्मा का कर्षण,

विघ्न विनाशक, गजानंद बाबा,
प्रेम भाव जगा दो।
बिगड़ी बात बना दो,
गणपति बिगड़ी बात बना दो।
गौरी नंदन........

नमन राम अवतार को

श्रीराम महिमा न्यारी, कर नमन राम अवतार को।
सम्पूर्ण सत्य अद्भुत राम, नमन राम अवतार को।।

त्रेता युग में श्रीराम ने राम राज पाठ पढ़ाया,
अहंकारी रावण के जरिए, अहंकार हश्र बताया,
ले बनवास, सीता त्याग, वचनों को निभाया,
मोह जाल में न फंसना, ऐसा सबक सिखाया,
स्वयं ने माया ठुकराई, मर्यादा सिखाई संसार को
श्रीराम महिमा न्यारी, कर नमन राम अवतार को।
सम्पूर्ण सत्य अद्भुत राम, नमन राम अवतार को।।

प्रेम करना है तो कर ले, केवल अपने श्रीराम से,
करने वाला सब प्रभु, न जीत जोड़ अपने नाम से,
दुनियां में आया है तो, पार पाएगा प्रभु के नाम से
खाली हाथ आया है, खाली हाथ जाएगा धाम से,
क्षणिक हैं माया, धन रिश्ते, छोड़ अहंकार को।

श्रीराम महिमा न्यारी, कर नमन राम अवतार को।
सम्पूर्ण सत्य अद्भुत राम, नमन राम अवतार को।।

श्रीकृष्ण जन्म कहानी

आओ भक्तों तुम्हें सुनाए, श्रीकृष्ण जन्म कहानी।
अष्टमी भादो रात में, बरस रहा था अनवरत पानी।।

उग्रसेन मथुरा के राजा, कंस आततायी औलाद,
गद्दी छीनी बाप से, बन गया खुद ही सम्राट,
जब पाप घड़ा भर जाए, और धरा पे हो अत्याचार
धर्म रक्षा हेतु भगवन चतुर्भुज विष्णु लेते अवतार,
बात है द्वापर काल की, अनोखी कहानी नंद लाल की।
हाथी घोड़ा पालकी, जय कन्हैया लाल की।।

एक बहन थी, देवकी कंस की, बहनोई वसुदेव,
बहन तो होती है ही पराई, न था कोई क्लेश,
हुई एक दिन आकाशवाणी, बहन संतान से मौत आनी
आठवीं संतान नाश करेगी, मिटेगी कंस क्रूर निशानी,
कंस आतताई, हद हो गई, आई आफत हर लाल की।
हाथी घोड़ा पालकी, जय कन्हैया लाल की।।

कंस वसुदेव को मारने दौड़ा, न होने दूंगा संतान,
देवकी ने हाथ पांव जोड़ा, छोड़ दो मेरे पति की जान,
वसुदेव नहीं संतान से लड़ाई, सब बच्चे करुँगी कुर्बान
कंस को बात समझ में आई, बच्चों की लेता गया जान,
एक-एक कर सब बच्चे मारे, प्रतीक्षा 8 वें लाल की।
हाथी घोड़ा पालकी, जय कन्हैया लाल की।।

वसुदेव, देवकी नंदन तो दिन बिता रहे कारावास में,
कंस ने सातों संतानों को मारा, अपने ही हाथ से,

प्रभु की माया प्रभु ही जाने, आठवीं संतान विष्णु अवतार
निंद्रा में सब पहरेदार, हो गया मथुरा में चमत्कार,
धर्म रक्षा की अद्भुत कथा, भारत विशाल की।
हाथी घोड़ा पालकी, जय कन्हैया लाल की।।

अंधेरी रात में अद्भुत प्रकाश, खुल गया बंद कारावास,
वसुदेव चले नंद बाबा घर, रख कृष्ण का सिर पर छाज,
जबरदस्त यमुना उफान, कृष्ण पग से थमा उफान
यशोदा मां से माया आई, कृष्ण का नंद वृंदावन धाम,
माया धन आसमां में उड़ा, रही कंस नजरें मलाल की।
हाथी घोड़ा पालकी, जय कन्हैया लाल की।।

दही हांडी की दुनिया दीवानी, जय जय जय बांके बिहारी,
जन्माष्टमी की यही कहानी, घर घर आए बाँके बिहारी,
गाय, ग्वाल, गोपाल, मुरली और गोपियों संग राधा,
मोहन की अनुपम झांकियां, खुश हैं सब राजा व प्यादा,
चहुँ और गूँज हो रही लड्डू गोपाल की।
हाथी घोड़ा पालकी, जय कन्हैया लाल की।।

आया रवि लिए रश्मि

आया रवि लिए रश्मि, जीवन में नव रस भरें।
कलित रवि रश्मियों से, तन मन को सरस करें।।

पक्षियों की चहचहाहट, अब शैया को छोड़ दो,
ध्यान योग का समय है, सुसुप्ति को तोड़ दो,
परोक्ष सूरज रोशनी, सबको ऊर्जा दे रही
भोर पवन की ताजगी, तन को मजा दे रही,

सुमन सुरभि शुद्धता का सांसों में कश भरें।
आया रवि लिए रश्मि, जीवन में नव रस भरें।
कलित सूर्य रश्मियों से, तन मन को सरस करें।।

स्वयं शांति की तलाश, रवि रश्मियों में छिपी,
भोर की बेला में ही तो, शुद्ध भावना जगी,
चहुं तरफ धीमे–से सुनहरी रश्मियां भरी
रवि की अगुवाई से ही धरती स्वर्ग सी लगी,

नव दिन के कलश में, नव रंग का नव रस भरें।
आया रवि लिए रश्मि, जीवन में नव रस भरें।
कलित सूर्य रश्मियों से, तन मन को सरस करें।।

जन्मों के रिश्ते

यह जन्मों के रिश्ते बने हैं कभी से।
मिलते ही लगता मिले हैं कभी से।।

कभी पहली मुलाकात पहली लगे ना
कभी खून का रिश्ता सगा लगे ना,
कभी कोई अपना ही जख्म भरे ना
कभी अपना, अपनों की मदद करे ना,

कोई जन्म के शत्रु बने हैं कभी से।
यह जन्मों के रिश्ते, बने हैं कभी से।

सात फेरों का बंधन जन्मों का रिश्ता
कहाँ से कहाँ कोई आकर है मिलता,
कोई किसी के लिए जन्म जन्म तड़पता
किस्मत में न हो तो कभी नहीं मिलता,

जन्मों का बंधन है मिलते हैं जमीं पे।
यह जन्मों के रिश्ते बने हैं कभी से।

किसी की झोली में दोस्ती भरी है
किसी की झोली में दुश्मनी भरी है,
किसी को अपनों की चिंता नहीं है
किसी की जिंदगी अकेली कटी है,

दोस्ती दुश्मनी मिलते हैं तभी से।
यह जन्मों के रिश्ते बने हैं कभी से।

आँसुओं की बहार

बह रहे आँखों से आँसू, क्या कोई खरीदार है।
सस्ते में मिल रहे हैं आँसू, आँसुओं की बहार है।।

प्रश्न चिन्ह सा बना है आँसू, पूछ रहा हर एक से,
आँसुओं की खेती करके, बन रहे हो नेक से,
आँसू देने वाले तुम हो, क्या यह सही व्यापार है।
बह रहे आँखों से आँसू, क्या कोई खरीदार है।

मांग चाहत की भी देखो, पूनम में पाते रहे,
आई रात जो अंधेरी, दिल से फिर जाते रहे,
खुशियां दो पल की ही थी, आँसुओं की धार है।
बह रहे आँखों से आँसू, क्या कोई खरीदार है।

आँसुओं की बाढ़ में कोई नाविक न मिला,
बेसहारा नाव थी कोई आशिक न मिला,
नहीं मिलेगा अब किनारा यहाँ तो बस मझधार है।
बह रहे आँखों से आँसू, क्या कोई खरीदार है।
सस्ते में मिल रहे हैं आँसू, आँसुओं की बहार है।।

गणितीय कविता

चार सौ बीसी कर करके, गरीब से अमीर हो गए।
तीन पाँच करके फिर वो नौ दो ग्यारह हो गए।।

नहले पर दहला फेंके, राजनीति की चाल में।
औने पौने करके नेता, पक्के कुर्सी के हो गए।।

सोलह आना सही जो है, उसकी कोई कहाँ सुने।
दो दो हाथ करे जिन्होंने, सब उनकी तरफ हो गए।।

दो कौड़ी के, दिन दूनी रात चौगुनी तरक्की कर गए।
मक्खन लगा लगा के वो, सबसे ऊपर हो गए।।

सास-बहू छत्तीस का आंकड़ा, ये सब पुरानी बातें हैं।
उनसे तो आज परिवार एक और एक ग्यारह हो गए।।

जबसे मोबाइल फोन आया, अपने दूज का चांद हो गए।
व्हाट्सएप, फेसबुक में सब चौदवीं का चांद हो गए।।

गांव से शहर आकर छठी का दूध याद आ गया।
चार दिन की चांदनी फिर अंधेरी रात में खो गए।।

कभी भाग्य ने साथ दिया तो पाँचों उंगलियां घी में रहीं।
सवा सेर सिद्ध करने में, उन्नीस इक्कीस के फर्क हो गए।।

उक्ति

उक्ति में हो दम तो जमाना करे प्रणाम।
संत पुरुषों की वाणी में, भरे खरे कलाम।।

शत्रु भी पिघल जाते, प्रेम प्यार की भाषा से,
कथन कभी ऐसे न हो जो भर दें निराशा से,
उलझनें सुलझ जाती, छोटी सी दिलासा से
सुने अमोल उक्तियां जो भरीं शुद्ध अभिलाषा से,

तेरे मेरे कथन पर निर्भर, तेरे मेरे संग्राम।
उक्ति में हो दम तो जमाना करे प्रणाम।
संत पुरुषों की वाणी में भरे खरे कलाम।।

आवरणों से असत्य कथन, कभी छिपता नहीं,
सत्य कथन, वचन, कभी किसी से डरता नहीं,
उक्ति अनमोल मोती सी, हर कोई समझता नहीं
वेद, पुराण के प्रभु कथन, युगों में बदलता नहीं,

धन्य भारत साक्षात प्रभु से गीता का मिले ज्ञान
उक्ति में हो दम तो जमाना करे प्रणाम।
संत पुरुषों की वाणी में भरे खरे कलाम।।

कविता है प्रेयसी

आज तन्हा से महसूस करते हैं हम।
कहाँ अपनों से महफूज रहते हैं हम।।

अपनों की हाँ में हाँ जाके उनसे मिले।
अपनों के ही सितम तो सहते हैं हम।।

मन करे छोड़ दे, अब ये दुनियादारी।
अब अपना नहीं कोई, कहते हैं हम।।

तुम इधर भी रहो, तुम उधर भी रहो।
चोट खाकर भी इक तरफ रहते हैं हम।।

चाहे रह जाएँ अकेले परवाह नहीं।
अपने उसूलों के संग ही बहते हैं हम।।

अब चलो आज विदाई ले ले यहां से।
विदा दोगली दुनिया को करते हैं हम।।

'गीता' अकेले नहीं, कविता है प्रेयसी।
गले एक दूजे से मिलते हैं हम।।

संकल्प

बिना सोचे जो करते काम,
सिद्धि पर लग जाते विराम,
सोचे समझे जो किए काम
सदा को मिले उत्तम परिणाम।

सोच के कर्म कर, ये गुरुवाणी,
बिन सोच कर्म, करते अज्ञानी,
योजनाबद्ध से, बात बन जानी
सोच के निकालो, मुख से वाणी।

बिन सोच पाँडव चौसर खेले,
देखो कितने दुख हैं झेले,
कौरवों ने भी लिए झमेले
एक-एक कर फिर छूटे रेले,

आज चलो संकल्प करते जाएँ,
सोच समझकर कर्म करते जाएँ,
राह धीरज की पकड़ते जाएँ
समझदारी का परचम फहराएँ।

देने वाला ऊपर वाला

देने वाला ऊपर वाला, धन का मत कर अभिमान।
जिसको जिसकी आवश्यकता, उसका कर दान।।

कपकपाती ठंड से पहले, गरीब में कंबल बंटवाना,
बच्चों, बूढ़ों को गर्म स्वेटर, मोजे, हाथों में दस्ताना,
कोई गरीब ठंड से न मरे ऐसा प्रबंध तुम करवाना
तिजोरी भरने से पहले, किसी का भला कर जाना,

दुआएँ गरीब की फलती बहुत, दुआओं का रख मान।
देने वाला ऊपर वाला, धन का मत कर अभिमान।
जिसको जिसकी आवश्यकता, उसका कर दान।।

प्रचंड ग्रीष्म की पीड़ा में, प्यासे को पानी मिल जाए,
प्याऊ, मीठा शरबत पीकर तो तन, मन खिल जाए,
वृक्ष लगाना भी है बेहतर, सबको ठंडक मिल जाए
कर इंतजाम, मूक परिंदे, जंतुओं को जीवन मिल जाए,

हर मौसम में खोल तिजोरी, सबका कर कल्याण।
देने वाला ऊपर वाला, धन का मत कर अभिमान।
जिसको जिसकी आवश्यकता, उसका कर दान।।

किताबें बोलती हैं

जब–जब किताबें बोलती हैं।
कभी खुशी, कभी गम तोलती हैं।।

किताबों में हर युग का जवाब
कौन फकीर था, कौन था नवाब,
कब किस पर छाया शबाब
किसको कब मिला खिताब,
कौन किसके लिए रहा बेताब
ग्रंथ, उपनिषद, पुराण किताबें,
जीवन में अमृत घोलती हैं।
जब–जब किताबें बोलती हैं।
कभी खुशी, कभी गम तोलती हैं।।

किताबें सच्चे मित्र की भाँति
कहीं सद्भावना कहीं पर क्राँति,
संत किताबें दे ज्ञान और शाँति
कुछ कुछ किताबें फैलाए भ्राँति,
कुछ किताबें जीवन की कान्ति
दिल कलम से लिखी जाती किताबें,
हर युग के रहस्य खोलती हैं।
जब–जब किताबें बोलती हैं।
कभी खुशी कभी गम तोलती हैं।।

पैसा ही भगवान है

जिस पर ज्यादा धन, दौलत उसका बड़ा सम्मान है।
अब पैसा ही भगवान है, अब तो पैसा ही भगवान है।।

बड़ा बंगला, बड़ी गाड़ी सिक्योरिटी गार्ड करे रखवाली,
कुत्ते पलते हैं घर में, पर गरीब की हरदम झोली खाली,
गरीब से करें परहेज, धन ने रिश्तों की कमान संभाली,
पैसे को भगवान मान, गरीब इंसान से दूरी बना ली,

जिस पर ज्यादा धन दौलत, हर कोई करे सलाम है।
अब पैसा ही भगवान है, अब तो पैसा ही भगवान है।।

दर्शन करने, ईश्वर का मंदिर, वहाँ भी पैसा ही भगवान,
भीड़भाड़ से बचने को, पैसा हो तो सुलभ दर्शन प्रावधान,
किसी के पास कफ़न नहीं, किसी का महल आलिशान
धनवान को चाहिए पैसा ही पैसा, चाहे खोना पड़े ईमान,

पर अंत समय यहीं रह जाना, जब छोड़ना पड़े जहान है।
अब पैसा ही भगवान है, अब तो पैसा ही भगवान है।।

कृशकाय (दुर्बल)

कृशकाय हो गया बदन, अब मेरा साथ देता नहीं।
विश्वास पर ही हूं जीवित, कल का तो पता नहीं।।

पत्थर भरी राहें भी कभी न तोड़ पाई थी हौसलें,
अब तो सामर्थ्य नहीं कि, दांत से चने भी तोड़ लें,
घर में कैद हो गए, फुर्सत कहाँ कोई हमरा होश ले
अमीर हो या गरीब, वृद्ध उम्र पड़ाव कैसे कोई रोक लें,

घर दहलीज से ही ज़माने की सुध लेता कभी।
कृशकाय हो गया बदन, अब मेरा साथ देता नहीं।।
विश्वास पर ही हूं जीवित, कल का तो पता नहीं।।

बहुत परिश्रम किया जीवन भर, अब समय वैसा नहीं,
सांसे थमने लगी, क्या जवानी खरीद सके, पैसा कहीं,
अमूल्य अनुभव खजाने भरे, सुनने को कोई बैठा नहीं
वृद्ध कृशकाय तन अफसोस, अब जवान जैसा नहीं,

आने जाने के काबिल कहाँ, आंख से दिखता नहीं।
कृशकाय हो गया बदन, अब मेरा साथ देता नहीं।।
विश्वास पर हूं जीवित, कल का तो पता नहीं।।

पीहर की यादें

बेटी की जब शादी हो गई, पीहर से अब बेटी पराई।
चली तो गई पीहर से, पर पीहर को कभी भुला न पाई।।

कैसा अपनापन था घर में, स्वच्छंद घूमते फिरते थे,
कैसा बीता सारा दिन माँ को बताए बिन न रहते थे,
जो भी चाहिए बेझिझक, बाबुल से फरमाइश करते थे,
इक्कल दुक्कल, भाई बहनों के संग खेला करते थे,

शादी होते ही पराए हो गए, पीहर की याद दिल में दबाई।
चली तो गई पीहर से पर, पीहर को कभी भुला न पाई।।

पीहर की हर गली अपनी, पीहर का हर शख्स अपना,
ससुराल में रहते हैं पर नींद में दिखे पीहर का सपना,
सावन के झूले, मेले, कभी बागों में पेड़ों पर लटकना,
अब याद सिवा कुछ न अपना, यादों के घूंट पीके रहना,

अनगिनत यादों की तिजोरी, पीहर की सुंदर कमाई।
चली तो गई पीहर से पर, पीहर को कभी भुला न पाई।।

कंथा

मेरी दादी के पुराने हाथों में जादू।
पुराने से नया करने का जादू।।

ठंड से पहले काम पर लग जाती
कितने कंथे बनाने गिनती कर जाती,
बुआ के लिए कंथा, मुन्नी के लिए कंथा
दादाजी के लिए मोटा कंथा बनाती,

कंथे में गर्मी जैसे खाए बादाम काजू।
मेरी दादी के पुराने हाथों में जादू।

कोई घर में आए पूछे कहाँ से खरीदा
दादी मुस्काए कहे कश्मीर से खरीदा,
अबकी बार एक हमको भी मंगवा दो
देखा नहीं हमने कभी इतना सुंदर कशीदा,

दादी के कंथे में सर्दी भी रहे काबू।
मेरी दादी के पुराने हाथों में जादू।

स्वेटर की चाहे पुरानी ऊन
ठंड को कंथा रही वो बुन,
कतरनों को भी कहाँ वो छोड़े
पायदान बनाने की लगी है धुन,

थकती नहीं कभी उसकी बाजू।
मेरी दादी के पुराने हाथों में जादू।

मन्मथ

धीरे से ही बोल
बोल प्रेम के बोल,
एक दूजे के लिए बने
अब दिल को न टटोल,
धीरे......
तुझ में चाँद देखूँ मैं तो
तुझ में शाम देखूँ मैं तो,
पलकों में छुपा लूं तुझको
प्रेम गीत सुना दूं तुझको,
एक दूजे में दोनों समाये
सुख हो या दुख के साये,
प्रेम तराजू तोल।
बोल प्रेम के बोल।।
धीरे....
वक्त कभी ठहरा नहीं है
वक्त का कुछ पता नहीं है,
मिलकर जी ले जो मिला
रख न कोई गिला,
रंग लाएगी प्रेम कहानी
तेरी मेरी अमर कहानी,
अमृत रस ही घोल।
बोल प्रेम के बोल ।।
धीरे....
मेरी राहों का सजना
तेरी बाहों का गहना,
खोलूं आँखें तो तेरा हो सामना

गिरने से पहले सनम, हाथ थामना,
तू ही मेरा हमदम अब तो
तू ही मेरा 'मन्मथ' अब तो,
है अब तू अनमोल।
बोल प्रेम के बोल।।
धीरे......

मुक्तक

मुखड़ा वो श्यामल जुल्फें घुंघराली सदा।
उन मौन नजरों की देखी मतवाली अदा।
घायल हुआ दिल अपना तो यारों तभी,
मिल जाए मुझको वैसी घरवाली खुदा।।

स्पंदन

कुछ देर ठहर जा, शाम का इंतजार कर।
स्पंदन मेरे दिल का, शाम को गुलजार कर।।

प्रेम की बारिश में, कुछ देर भीग जाएँगे
प्रेम के नशे में, थके दिन को भूल जाएँगे,
प्रेम स्पंदन दो दिल के, अलग तो है नहीं
गले में बाँहों के हार, डाल हम झूल जाएँगे,

प्रेम के संगीत का जाम भी तैयार कर।
कुछ देर ठहर जा, शाम का इंतजार कर।
स्पंदन मेरे मन का, शाम को गुलजार कर।।

कल का क्या भरोसा, कल आये ही नहीं
आज जो मिला हमें, यूँ ही ढल जाए नहीं,
कुछ तुम्हारी हम सुने, कुछ हमारी तुम सुनो
लग रहा है जिंदगी में, ऐसे पल आए नहीं,

कुछ पल की जिंदगी में, प्यार बेशुमार भर।
कुछ देर ठहर जा, शाम का इंतजार कर।
स्पंदन मेरे मन का, शाम को गुलजार कर।।

चमके रिश्ते मून से

रिश्ते कभी रिसने न पाएँ, दिल से निभाना।
पाक साफ रिश्तों की ही, श्रृंखला बनाना।।

रिश्ते तो दिल से निभते, कुछ रिश्ते हैं, खून के,
रिश्ते अगर मिले हैं तो, चमके रिश्ते मून से,
स्वार्थता रिश्तो में कभी, आनी नहीं चाहिए
भाई हो राम लखन सा, हैं सब प्रभु प्रसून से,
अकेले आना, जाना पर अभी तो ये ठिकाना।
रिश्ते कभी रिसने न पाएं, दिल से निभाना।
पाक साफ रिश्तों की ही, श्रृंखला बनाना।।

कई बार रिश्तो की परख होती जरा देर से,
काम निकल जाने पर, बंदा चल दे मुंह फेर के,
कई रिश्ते अनजाने प्यारे, लगें जन्मों के बंधन
ऐसे रिश्तों को नमन, संकट में चलें जो घेर के,
सही रिश्ते संग रख, चाहे उल्टा चले जमाना।
रिश्ते कभी रिसने न पाएँ, दिल से निभाना।
पाक साफ रिश्तों की ही श्रृंखला बनाना।।

आज मैं सिर्फ आप पर लिखूँ

आज मैं सिर्फ आप पर ही लिखूँ !
अपना प्यार लिखूँ, जीवन धार लिखूँ !!

जब नादान थी जिंदगी में आई
घबराई हुई, शरमाई हुई,
फिर धीरे-धीरे कुछ खुलने लगी
बरसों तक रही सकुचाई हुई,
धीरे-धीरे जो आपको समझने लगे
एक दूजे की जान बनने लगे,
हीर रांझे से नहीं, लैला मजनू से नहीं
सात फेरों के बंधन, जनम के लगे,
आपके नाम की माथ बिंदिया सजी
कृष्ण स्पर्श से गीता कंचन बनी,
आपको ही मैं अपना अधिकार लिखूँ !
नत मस्तक, तन मन से नमस्कार लिखूँ !!

अपना प्यार लिखूँ, जीवन धार लिखूँ !
आज मैं सिर्फ आप पर ही लिखूँ !!

न जुए में हारे, न वनवास लिए
अपने ही घर में सब आराम दिए,
जैसे चुम्बक से लोहे खिंचते गए
आप मेरे दिल में चिपकते गए,
आप साधु नहीं, आप संत नहीं
आपके प्रेम का तो अंत नहीं,
आप अर्जुन नहीं, आप दशरथ नहीं

पुत्रों पे आपके वचन बंधन नहीं,
ईश्वर क़ा भेजा आपको उपहार लिखूँ!
आज आपको अपना संसार लिखूँ !!

अपना प्यार लिखूं, जीवन धार लिखूँ !
आज मैं सिर्फ आप पर ही लिखूँ !!

मुक्तक

मजबूर हूँ गैरत मैं निभा भी नहीं सकता।
मैंने जो मुहब्बत की, जता भी नहीं सकता।
फूल को लेने चल पड़े, पतझड़ के दिनों में,
पतझड़ में कोई फूल, खिला भी नहीं सकता।।

सार्थक जीवन की राह पर

सार्थक जीवन की राह पर, कुछ नई शुरुआत करो।
भटकी जीवन की राह छोड़, अब कुछ नई बात करो।।

सार्थक जीवन राह पर, गिर गिर के उठना होगा,
गिरकर डर कर बैठने से, कभी न काम पूरा होगा,
जब तक मंजिल न मिले, तब तक न करना आराम,
मुफ्त रेवड़ी खानी नहीं, परिश्रम का समझना दाम,

पूज्य गुरु के आदर्शों से, हर पल मुलाकात करो।
सार्थक जीवन की राह पर, कुछ नई शुरुआत करो।
भटकी जीवन की राह छोड़, अब कुछ नई बात करो।।

जीवन की सार्थकता पर ही, जीत का मरहम है,
टेढ़ी-मेढ़ी राहें तो क्या, बाजुओं में दमखम है,
सीखें, समझें सार्थक जीवन रास्तों की महिमा,
गलत राहों पर चलने से, गिरती जीवन की गरिमा,

अमावस्या की काली रात में भी, पूनम की रात धरो।
सार्थक जीवन की राह पर, कुछ नई शुरुआत करो।
भटकी जीवन की राह छोड़, अब कुछ नई बात करो।।

रिश्ते निभाने में फेसबुक सबका नवाब

फेसबुक की दुनिया, है हसीन लाज़वाब।
हर कोई यहां देखें, सच्ची दोस्ती के ख्वाब।।

मीलों दूरियों के रिश्ते, फेसबुक से लगे निभाने,
कुछ रिश्ते दोस्ती के बन गए, बिन देखे अनजाने,
अनजाने नए दोस्त भी लगते जैसे पुराने
कोई तन्हा न रहेगा आ गए फेसबुक जमाने,
जैसी नियत वैसा मिले दोस्ती का जवाब।
फेसबुक की दुनिया है हसीन, लाज़वाब।

नए अनजान लोगो से, हो जाता गहरा रिश्ता,
सम सोच वालों का तो पक्का निभता रिश्ता,
पाक, पवित्र प्रेम हो तो फेसबुक बने फरिश्ता
समझ कर बनाए रिश्ते, घुन भी यहां पिसता,
सच्चे दिल से बने, आजीवन रिश्तों के शबाब।
फेसबुक की दुनिया है, हसीन लाज़वाब।

कैसा सुंदर, कैसा प्यारा सोशल मीडिया आया,
जब से आया हमने यहां पर सुंदर रिश्ता पाया,
अपनी खुशी, अपना गम, सब ने साथ निभाया
मरते दम तक चलेगा रिश्ता, ऐसा रिश्ता बनाया,

रिश्ते निभाने में फेसबुक, है सबका नवाब।
फेसबुक की दुनिया है हसीन लाज़वाब।
हर कोई यहां देखें सच्ची दोस्ती के ख्वाब।।

रूह का महका चमन लिखूँ

गीत लिखूँ न गजल लिखूँ।
मैं तो बस अपना मन लिखूँ।।
मन का सागर गहरा है।
अश्रु भरे नयन लिखूँ।।
गीत लिखूँ न गजल लिखूँ।

मुस्कान होठों पे आई तो
वो थी दिखाने के लिए,
अश्रु भी हमने पी लिए
कोशिश भुलाने के लिए,
धुंधली न हुई कोई याद
आती सताने के लिए,
चाहा जिसे न मिल सका
कोशिश न की पाने के लिए,
फिर क्यूं मन बेचैन है
आते हैं जलाने के लिए,
दिल, जवानी, क्या अपनी खता?
वक्त दिया न दीवाने के लिए,
बंदिशे कुछ ऐसी थी
छोड़ा सब जमाने के लिए,
आज जब याद आता वो
क्यूं सताया जमाने के लिए,
आज याद मन भँवर लिखूं।
गीत लिखूँ न गजल लिखूँ।
मैं तो बस अपना मन लिखूँ।।

मिले खुद ब खुद जवाब
प्रेम फसाने जमाने के लिए,
कृष्ण ने राधा को छोड़ा
नहीं प्रेम तन पाने के लिए,
रूह से रूह का साथ है
प्रेम है दिल में बसाने के लिए,
मन का सागर गहरा है
न होता प्रेम भुलाने के लिए,
नयन में अश्रु रहेंगे ही
अश्रु प्रेम जताने के लिए,
दिल मंदिर में जीवन भर मूरत
चाहिए दिल लगाने के लिए,
प्रेम की हो रही पूजा
याद दीप जलाने के लिए,
प्रेम प्रभु, प्रेम ही खुदा
भव सागर तर जाने के लिए,
अब रूह का महका चमन लिखूँ।।
प्रेम गीत लिखूँ, प्रेम गजल लिखूँ।
प्रेम छंद लिखूं, प्रेम सजल लिखूँ।।
मैं तो बस अपना मन दर्पण लिखूँ।।

रुक जाना नहीं तू कहीं हार के

कभी पतझड़ आए तो कभी, आये दिन बहार के।
आये कभी दुख, कभी सुख, यही नियम संसार के।।

दुख जो आया समय के साथ कम भी हो जाएगा,
दुख मुस्कुरा के झेला तो सुख दुख सम हो जाएगा,
ठोकर खाकर गिर पड़े तो फिर संभलना होगा
गिरकर ही तो सीखें, तभी जीवन में दम आएगा,

परिस्थिति से लड़ गये तो जीत जाएँगे हार के।
कभी पतझड़ आये तो कभी आये दिन बहार के।
आए कभी दुख, कभी सुख यही नियम संसार के।।

जीवन तो चलने का नाम चाहे सुबह, चाहे शाम,
कभी हाथ भर गए तो कभी खाली हाथों का काम,
पराजय कोई ठहराव नहीं, कुछ पल की बस मेहमान
भरे हुए हो, चाहे शून्य हों, रुकने का न लेना नाम,

स्मरण रखो बात सदा 'रुक जाना नहीं कहीं हार के'।
कभी पतझड़ आये तो कभी आये दिन बहार के।
आए कभी दुख, कभी सुख यही नियम संसार के।।

सोपान

विशाल सोपान जीवन का, आएंगे अनगिनत पड़ाव।
यथार्थ, कल्पना से भरे, सुख, दुख के रहते प्रभाव।।

थक हार के कुछ देर बैठे, लेकिन चढ़ना तो होगा,
कभी गिरे कभी संभले, पर आगे तो बढ़ना होगा,
बाल्य सोपान नासमझी के, सहारे से चढ़ना होगा
जवानी कठिन सोपान से सपना सच करना होगा,
जवानी चढ़ाई भविष्य की, अमूल्य रत्नों का जमाव।
विशाल सोपान जीवन का, आएंगे अनगिनत पड़ाव।
यथार्थ, कल्पना से भरे, सुख, दुख के रहते प्रभाव।।

कई टेढ़े मेढ़े सोपान, संभल कर चलाना शरीर इंजन
कभी कोई बिछड़े किसी सोपान पे, होए कभी मिलन,
वृद्धावस्था अनुभव सोपान, खिलते रहें सबके आंगन
कर्म सोपान मेहनत बल पर, भाग्य से मिले अगले जनम,
प्रेम सोपान पर चढ़ गया जो, मरणोपरांत भी रहे जुड़ाव।
विशाल सोपान जीवन का, आएँगे अनगिनत पड़ाव।
यथार्थ, कल्पना से भरे, सुख, दुख के रहते प्रभाव।।

कठोर नियम मृदु हृदय

संत कठोर नियम संग, सहृदय के प्रमाण,
संत रखे मृदु वाणी व ईश्वर के गुणगान।

कठिन राह पर चलते रहें, मजबूती के साथ,
कठोरता स्वभाव में, अनुशासन रहे पहचान।

संतों की माया निराली, अभाव में ही जी लेते,
चट्टान सा शरीर बनाके, ईश्वर का करते ध्यान।।

गुरु का कर्तव्य है शिष्य को सबल बनाए,
समय से सोएं, जागें तो सेहत का मिले वरदान।

श्रीराम, कृष्ण की गाथाओं में संघर्ष कहानी,
धैर्य का फल मीठा, समय बने रहें बलवान।

चले पिता कठोर रस्तों पे, माँ ममता की देवी
कठोर शब्दों में भलाई के लेते रहें संज्ञान।

राम नाम के बोल से सत्संग की शोभा बढ़े,
सत्संग में जो मन लगे तो वही सच्चे इंसान।

भवसागर तरने को तो, हैं गरम नरम मार्ग,
मीठी वाणी बोलें, सुनें, हो सच झूठ के ज्ञान।

गुलाबी रंगत

गुलाबी रंगत
देख लोग कहें
देखो कली निखर गई,
कुटिली निगाहों से ही वो तो
फूल बनते बनते डर गई,
खिल भी न पाई थी कि
जमीन पर बिखर गई,
हवा कुछ ऐसी चली कि
तार तार चुनर हुई,
बिखरे टुकड़ों के सवाल
काँटो की भी सहर गई,
हवाएँ महका रही थी
इसी कसूर में बिफर गई,
कमसिन नाजुक कली
हैवानियत के डर से
गुलाबी रंगत लिए खिलने से पहले ही
इधर–उधर बिखर गई।

हम नृत्य करने आए हैं (गीत)

हम इस दुनिया में आए हैं,
नृत्य दिखाने आए हैं।
खुशियों में तो मन से नाचे,
गम ने भी नाच नचाए हैं।।

कलाओं, संस्कृतिओं से जुड़ी
युग नर्तन की परिभाषाएँ,
भाव भंगिमा समझा देती
सबकी जीवन अभिलाषाएँ,
कभी प्रेम, कभी मजबूरियाँ
जगाती रहें नई आशाएँ,
पैरों की थिरकन समझा रही
सुख-दुख तमाशबीन हो जाएँ,
बदला युग पर नर्तन न बदले
हर युग ने नाच नचाए हैं।
हम इस दुनिया में आए हैं,
तो नृत्य दिखाने आए हैं।।

चेतना है तो हिलते रहे
बचपन भोलेपन में नाचे,
शुरू हुआ जब दौर नया
मिले समझदारी के सांचे,
स्वयं को श्रेष्ठ साबित करना
फूँक-फूँक राहों को बाँचे,
छालों की परवाह नहीं की
भरते रहे समझ के खाँचे,

पर कुछ बिरले ऐसे भी हैं
औरों को नचाते आए हैं।
हम इस दुनिया में आए हैं,
तो नृत्य दिखाने आए हैं।

मुक्तक

रोज मेरा बुझा मन मनाती है माँ।
जिंदगी का नया ढब सिखाती है माँ।
रास्ता भूले किया माँ को याद तो,
हर कदम पर दुआ से उठाती है माँ।।

झूठ के पांव न होते

झूठ के पाँव न होते, जल्दी मर जाए।
बिन सिर पैर झूठ, कहाँ चल पाए।।

वैशाखी सहारे, झूठ का वजूद न अपना,
बार- बार अपनी ही, माला पड़े जपना,
सच के सामने तन कर खड़ा रहे ना
झूठ खुद को ही संतुष्ट कर सके ना,
सच सामने आते ही झूठ डर जाए।
झूठ के पाँव न होते, जल्दी मर जाए।।

जल्द फैले, पर झूठ तो झूठ होता मगर,
कान के कच्चों पे, झूठ का होता असर,
झूठ चक्रव्यूह में देखो, भँवर ही भँवर
सच के रथ को देखे तो, न नजर आए ,
बिन मूल, झूठ पल में ही बिखर जाए।
झूठ के पाँव न होते, जल्दी मर जाए।।
बिन सिर पैर झूठ, कहाँ चल पाए।।

जहाँ न पहुंचे रवि पहुँचे कवि

रवि तो भेजे प्रकाश रश्मि
जो जीवन की प्राण दाता है,
जहां भी पहुंचे जगमग कर दे
सुस्त जीव में ऊर्जा जगाता है,
कवि की तो बात निराली
दिल से दिल का नाता है,
दिल गहराई में रवि न पहुँचे
कवि दिल का हाल सुनाता है,
नैनो की भाषा कवि समझे
रवि समझ नहीं पाता है,
सुबह शाम के प्रणय मिलन में
रवि बाय-बाय कह जाता है,
कवि अपने विशाल हृदय से
प्रेम गाथा लिख जाता है,
स्वाति नक्षत्र की एक बूंद पे
इतिहासकारों को नचाता है,
बिन बादल बरसात कराके
भावों में बह जाता है,
आकाश से पाताल तक
कवि कहीं भी पहुंच जाता है,
जल बिन मछली, बिन पंख परिंदा
सब का हाल सुनाता है,
कवि के लिए कुछ भी अछूत नहीं
जहाँ न पहुंचे रवि, कवि पहुँच जाता है।

कुरुक्षेत्र

अर्जुन उवाच--
हे केशव, विपदा ऐसी है, असमंजस में पड़ा हुआ हूँ।
न चाहिए कुछ भी मुझको अपनों बीच धंसा हुआ हूँ।।
हे केशव....
भिक्षा माँग के जी लूँगा, अपनों को मैं कैसे मारूँ,
भाई बंधु खड़े सामने, उन पर तीर मैं कैसे उतारूँ,
पितामह, गुरु, पूजनीय मेरे, अस्त्र शस्त्र कैसे उठा लूँ,
अपने मार के क्या मिलेगा, नजरों से खुद को गिरा लूँ,
सूझ नहीं रहा कुछ भी मुझको, धुँध में फंसा हुआ हूँ!
हे केशव, विपदा ऐसी है असमंजस में पड़ा हुआ हूँ!
न चाहिए कुछ भी मुझको अपनों बीच धंसा हुआ हूँ!!
श्रीकृष्ण उवाच
हे पार्थ, तुम दुनिया में कर्म अपना करने आए हो,
जो दे रहे अधर्म साथ, क्या उनको बचाने आए हो?
अधर्मियों को बचा, क्या साबित करने आए हो,
वस्त्र हरण करने वाले को, क्या सोच बचाने आए हो,
उठाओ गांडीव, धर्म रक्षा को, संग तुम्हारे खड़ा हुआ हूं।
अब न कहना विपदा ऐसी, असमंजस में पड़ा हुआ हूं।
कौन है तेरा, कैसे कहते?अपनों बीच धंसा हुआ हूं।।
जो आया है, जाना होगा कर्म फल भी भोगना होगा,
अत्याचार जब बढ़ जाए, कहीं तो उसे रोकना होगा,
कर्म की तराजू में पाप, पुण्य को तोलना होगा,
पाप का करके अंत पुण्य फसल को रोपना होगा,
खुद को पहचानो, कभी न कहना डरा हुआ हूँ!
अब न कहना विपदा ऐसी, असमंजस में पड़ा हुआ हूँ।
कौन है तेरा, कैसे कहते?अपनों बीच धंसा हुआ हूँ।।

प्यार का सागर

सागर की गहराइयों में
प्रेम से जीवन रहता है,
आसमान में मेघों का
प्रेम उमड़ना रहता है,
जब प्यासी धरती जल मांगे
मेघ बरसता रहता है,
भास्कर का प्रेम निराला
हर किसी को अपना समझता है,
पेड़ पौधे जीव जंतु
सब की प्राण ऊर्जा बनता है,
हर जीव के हृदय में दिल है
दिल में प्रेम बसता है,
संसार बन जाए प्यार का सागर
तब धरती पर स्वर्ग सजता है,
प्यार में ही जीत छुपी है
प्यार कभी नहीं मरता है,
प्यार का सागर है, जग सारा
हर कोई प्यार को तरसता है।

नदी हूं नदी का किनारा नहीं हूं

नदी हूँ नदी का किनारा नहीं हूँ,
मझधारों में ही सहारा बनी हूँ।
बहार का मौसम, प्यासे को पानी,
किसी के लिए तो गुजारा बनी हूँ।।

बहती ही जाऊँ रुकना ना जानूँ
हवा के रुख को बदलना मैं जानूँ,
रास्ते में मेरे आये कोई भी
उसके रंग में रंगना मैं जानूँ,
सदियों से बह रही धारा बनी हूँ।
नदी हूँ नदी का किनारा नहीं हूँ।।

जब तक न छेड़ो नियंत्रित ही रहती
कभी अपने पथ में विचलित न रहती,
सागर से मेरा मिलन तो रहेगा
मैं प्रेम हिलोरे ले ले के बहती,
पहचान भी है, बंजारा नहीं हूँ।
नदी हूं नदी का किनारा नहीं हूँ।।

पावन जीवन को मैंने है देखा,
राह दूषित को किनारे पे फेंका,
चलना जीवन है रुकना कहीं नहीं
शिवम, शिवम, की ही चलती हो रेखा,
शुद्धतम हवाओं का कारण बनी हूँ।
नदी हूँ नदी का किनारा नहीं हूँ,
मझधारों में ही सहारा बनी हूँ।।

जिस चेहरे पर गुमान था

जिस चेहरे पर था गुमान, चेहरे पे चेहरा ही पाया।
जिसे चाहा कभी हमने, उसी से धोखा ही खाया।।
लुट गया दिल अपना तो, तब कहीं समझ में आया।
समझे भी जरा देर से, हुआ कोई अपना ही पराया।।

खूबसूरत चेहरे के पीछे, काला दिल लिए बैठे वो,
सामने गुड़ से मीठे से जो, पीछे जले भुने बैठे वो,
दिखे प्यार की कटारी सी वो, पीठ पीछे वार करें
ठीक जख्मों को करने बहाने, नमक की धार धरें,

पल पल चेहरे बदलते रहे, अपना मन ही भरमाया।
जिस चेहरे पर था गुमान, चेहरे पे चेहरा ही पाया।

गिरगिट तरह रंग बदलना, उनके लिए आसान काम था,
भाई भाई में कर बँटवारा, बस उनका तो यही दाम था,
जीवन भर का रोग दिया, बस हम तो हाथ मलते रहे
हम नासमझ, अनाड़ी ऐसे, बदले चेहरे पर मरते रहे,

पछतावा जीवन भर का, झूठ, झूठ का चेहरा ही पाया।
जिस चेहरे पर था गुमान, चेहरे पे चेहरा ही पाया।
जिसे चाहा कभी हमने, उसी से धोखा ही खाया।।
लुट गया दिल अपना तो, तब कहीं समझ में आया।
समझे भी जरा देर से, हुआ कोई अपना ही पराया।।

शब्द

तेरे शब्द मेरे शब्द
कर न दें हमें निशब्द,
जो बोल सोच के बोल
शब्द तोल मोल के बोल।

प्यार के दो बोल
दिल में रस देते घोल,
अपने ही शब्दों में
अपनी ही न खोल पोल।

शब्द होते गोलमोल
सीधे-सीधे शब्द बोल,
न बोल डांवा डोल
शब्दों का ही है मोल।

कटार से जो तेज बोल
रिश्तो का बिगड़े भूगोल,
रिश्तो में फिर आए झोल
दिखावटी रिश्तों का खोल।

न शब्दों को टटोल
अपने शब्द हों बेमोल,
जैसे को तैसा न बोल
अपने शब्द हों अनमोल।

सबकी जान आफत में आई

दस्तक देती हवा हवाई
है वह बहुत ही हरजाई,
जहर घोलने को चली आई
साँसों की दुश्मन बन आई,
सबकी जान आफत में आई।

हर यहाँ मनमौज खिलाड़ी
कहीं पराली, हर और गाड़ी,
धुएँ की ही बारात सजाई
मास्क की दुनिया फिर लौट आई,
सबकी जान आफत में आई।

कोविद–19 जब आया था
धड़ाधड़ मौत का शोर आया था,
लाखों की जान पल में गँवाई
अब प्रदूषण की बारी आई,
सबकी जान आफत में आई।

प्रदूषण की माया, घना कोहरा छाया
टिम टिम तारों का, कहाँ अब साया,
प्रदूषण मानव की असली कमाई
अपने ही जीवन की कीमत घटाई,
सबकी जान आफत में आई।

हर एक के पास अपनी सवारी
किसी को न भाये, साइकिल सवारी

फिर हर साँस में विष भर आई
कोई किसी की सुनता नहीं भाई
सबकी जान आफत में आई।

त्याग की मूरत उर्मिला

जनकनंदिनी सीता अनुजा उर्मिला
सेवा भावी, त्याग की मूरत उर्मिला,
सास ससुर की सेवा करने को
पति लक्ष्मण से वियोग लिया,
अश्कों को पी जाने का
कठिन वचन पतिदेव को दिया,
मायके का मोह न पाला
सास माताओं पर ध्यान दिया,
14 वर्ष गहरी निंद्रा से
सीता वर से एक समय में दो काज किया,
नवयौवना, नव विवाहित पतिव्रता ने
मेघनाथ का काम तमाम किया,
14 वर्ष पति वनवास
14 वर्ष पति से दूर जीया,
मिलन घड़ी में 14 वर्ष पति निंद्रावास में
कैसा अद्भुत त्याग किया,
ऐसी अद्भुत त्याग की मूरत
न कोई शिकवा, न कोई गिला,
रामायण की अदृश्य पात्र
पतिव्रता नारी उर्मिला,
त्याग की मूरत उर्मिला
पति विजय की मूरत उर्मिला।

जिंदगी का सुंदर जाम

रात को विदा कर,
सुबह को
दिन ने लिया थाम,
दिन भर थपेड़े खा
तपती रही,
शाम को थक हार कर
वापस पुकारने लगी
रात का नाम,
न रात टिकी
न दिन टिका,
पर चलते रहे अविराम,
पर दे रहे
सही समय पर
सही पैगाम,
हे इंसान
खुद को पहचान,
कर सही समय पर
सही काम,
चख फिर
जिंदगी का सुंदर जाम।

मन्नत के धागे

मन्नत के धागे तो
अपनी इच्छाओं से बंधे
आस्था के धागे हैं।

कभी मंदिर चौखट
कभी बड़, पीपल पर
मन्नत के बांधे धागे हैं।

मन्नत पूरी हो जाए तो
विश्वास खाता खुल जाए तो
समझते भाग्य जागे हैं।

मैंने मन भावनाओं से
आस्था और विश्वास से
मात-पिता पर बांधे मन्नत धागे हैं।

जब तक नतमस्तक मैं उन पर
जब तक साथ रहे वो तनकर
दूर दुख सदा ही भागे हैं।

मात पिता की दुआओं सिवा
दुख दूर करने को
न कोई मन्नत धागे हैं।

छुप छुप कर

छुप छुप कर देखूं तुझे
सामने आने से डरती हूँ,
खुद से ही मैं न कह पाऊँ
शायद तुझ पर मरती हूँ,
कब तू गुजरे इधर से
पल-पल इंतजार करती हूँ,
सज धज कर खड़ी हूँ
पर सामने आने से डरती हूँ,
कभी मन करे ओट हटा लूँ
पर लाज, शर्म में ढलती हूँ,
नजर जो पड़ गई मुझ पर
तेरी होने लगती हूँ,
जो मुड़ के देख लिया तो
नज़रे नीचे करती हूँ,
नजर से नजर मिल जाये
ख्वाहिश भी रखती हूँ,
अनजान हूँ खुद से ही मैं
क्यों ऐसा मैं करती हूँ।

महान देश के बालक

खिलखिलाते पुष्प और बालक होते हैं एक से।
बैर नहीं रखते किसी से, होते हैं बस नेक से।।

पुष्प महक, दूरतक फैले कोई ग़ैर, न कोई अपना।
बाल मुस्कान सबके लिए, चाहे कोई कितना अपना।।

जैसा ढालना चाहो बच्चे को, वैसा बन जाता रूप।
पाक साफ होता है बच्चा, ईश्वर का ही होता स्वरूप।।

न दिखावा, न छलावा, अंदर, बाहर सच बोल डाला।
न ग़रीब, न ही अमीर, न जात धर्म का रखवाला।।

सूरज एक, चंदा एक, फिर क्यों बनाए धर्म अनेक,
मत सिखाओ बच्चों को जाँत पाँत और धर्म का भेद,

मिली जैसी बचपन को प्रकृति, वैसी ही रहने दो।
प्रभु के सच्चे, अच्छे बच्चे की सच्चाई रहने दो।।

तेरा मेरा भाव अहित करे, बच्चा देश का भावी निर्माता।
उत्कृष्ट मार्ग दर्शन से, बच्चा महान नागरिक बन पाता।।

घर निखारें, मोहल्ला निखारें, और निखारें अपने शहर।
महान देश के महान बालक, देश का नाम करते अमर।।

तेरे मेरे सपने

अनगिनत सपने लेकर चल पड़ी बारात।
मिल रही फिर देखो, खुशियों की सौगात।।

थे सपने तेरे मेरे, थे चक्रव्यूह के घेरे
चक्रव्यूह तोड़ने को लेने फिर कुछ फेरे,
हर हाल में सपने पूरे करना ही मकसद,
तेरे मेरे सपनों का एक सा तो मजहब,
सँजो कर रख रहे सपने, न हो कोई आघात।
अनगिनत सपने लेकर चल पड़ी बारात।।

नेक तुम, नेक सपने तो तकदीर भी साथ दे,
नहीं जीत हार सपने में तो, न शह मात दे,
जाल सपनों के सुनहरे, दिन रात बुनते रहे,
मेहनतकश हाथों की, बारीकियां चुनते रहे,
टूटे हुए सपनों में भी, न थी कोई फरियाद।
अनगिनत सपने लेकर चल पड़ी बारात।
मिलती रही फिर देखो खुशियों की सौगात।।

बन न जाना 'दूज का चाँद'

यौवन दहलीज जो छुई, प्रेम रंग दिखने लगा।
खुमारी छाई, दिल धक धक धड़कने लगा।।

उनकी गली में, कांटों की क्यारियाँ हैं तो क्या।
गली लगने लगी प्यारी, वहीं से गुजरने लगा।।

रात में उनके छत पर आने के इंतजार में।
चाँद से दूरी, चांदनी से याराना लगने लगा।।

बन न जाना 'दूज का चाँद' तेरे बिन लागे न मन।
खुद किस्मत समझूँ, तेरा दीवाना बनने लगा।।

जुल्फों की काली घटायें, जो ढक दे तेरे चेहरे को।
यकीन मानो मेरी जान, बारिश मौसम लगने लगा।।

मस्तानी चाल को देख, फूल भी शरमा गया।
बावरा मन तेरे ही ख्यालों में रमने लगा।।

चांदनी रात में एक झलक जो तेरी दिख गई।
देखकर तेरी सूरत चाँद गरूर गलने लगा।।

तेरी मनमोहिनी सूरत का जलवा कुछ ऐसा
धरा पर उतर आया चाँद, सबको लगने लगा!

आप्त

आप्त है पर्याप्त है, और कोई न आस है।
नई तमन्नाओं का अब, बनना न दास है।।

भोर पहली किरण ने, मन मेरा जीत लिया,
रोज ही वक्त ने मुझको, नया गीत दिया,
बिन मांगे मोती मिले, ऐसी किस्मत है मिली
प्रेम सागर में डुबकी लगाने को मनमीत दिया,
हाथ लकीरों में लगे है कोई बात खास है।
आप्त है पर्याप्त है, और कोई न आस है।
नई तमन्नाओं का अब, बनना न दास है।।

जो किसी के पास है, उसकी कोई चाह नहीं,
जख्मो से भरे हों चाहे, निकले कोई आह नहीं,
धैर्य का दामन पकड़के, चलना ही तो सीखा है
चाल भेड़ में चलने का, रहा कभी प्रवाह नहीं,
मस्त हवा के झोंकों से, मिल रही नित साँस है।
आप्त है पर्याप्त है, और कोई न आस है।
नई तमन्नाओं का अब बनना न दास है।।

हाथ छूटने से पहले

स्वर्णिम सूर्य किरणें, खुश मौसम, समुद्र किनारा,
रवि अस्क निहारते रहें, और स्वर्णिम जलधारा।

समुद्र किनारे भोर की बात ही कुछ निराली,
प्रकृति सौंदर्य अदभुद, लगे मनभावन प्यारा।

कोई साथ है तो ताकत हो चरम सीमा पर,
हौसलों से जग गया दिलों में रूपक नजारा।

जवानी दहलीज भी होती कितनी अजीब,
बदले सब कुछ, लगे साथी जग से न्यारा।

दीवाने चाँद से ज्यादा, चांदनी से करते प्यार,
लाख छुपाया, पर छुप न सका इश्क हमारा।

कहीं लग जाए, न किसी की नजर प्यार को,
बच भीड़ भाड़ से, भाने लगा समुद्र किनारा।

वक्त गुजार लें चैन से, कब समय उड़ जाए,
हाथ छूटने से पहले, भर खुशियों का पिटारा।

रीति रिवाज

मानव दुनिया में विधाता की एक अनुपम कृति है।
नदियों किनारे पनपी सभ्यता, रिवाजों की धरती है।।

विकसित, संगठित होने को रीति रिवाज जरूरी,
मनीषीजन बताए संस्कार ही रीति रिवाज नूरी,
संजीवनी से भरे त्योहार, उपवास नियम हमारे
सुंदर रीति रिवाज निभा, करते जिम्मेदारी पूरी।
रीति रिवाज संस्कृति की, सुंदर आशा बनती है।।
नदियों किनारे पनपी सभ्यता, रिवाजों की धरती है।।

रीति रिवाज आस्था के, वैज्ञानिक सहारे हैं,
रीति रिवाज के त्यौहार, सम्मान के इशारे हैं,
जो हमारे लिए बने, क्यों न पूजे उनको हम
धरा, चंदा, तारे, पेड़, जंतु सब हमको प्यारे हैं,
रीतियों से जीव गाथा सुंदर इतिहास रचती है।।
नदियों किनारे पनपी सभ्यता, रिवाजों की धरती है।।

जीवन संगीत

जीवन संगीत है, दिल का मनमीत है,
साज के स्वरों का, हर क्षण नवनीत है !

दुनिया में आए हैं तो, दुख भी हैं सहने,
दुख से भी साजो को, सुख सी प्रीत है !

स्वरों का बंधन, नए पुराने का संगम,
जीवन संगीत में, रोज जुड़े नया गीत है !

ऊंचे नीचे स्वरों का, जब होता है मिलन,
भर जाता जीवन में, अद्भुत संगीत है !

गम न मिले तो सुख का कोई मोल नहीं,
आना जाना ही तो, इस दुनिया की रीत है !

आस का दीप जलाता जा

रात बाकी और है
आस की डोर है,
न घबरा रात से
उजाले की ओर है,
बीत गई आधी तो
आधी बीत जाएगी,
सूर्य की नई किरणें
नया सवेरा लाएगी,
आज मजबूर तो क्या
नयन नींद दूर तो क्या,
सोने को पड़ी जिंदगी
चाहिए अभी संजीदगी,
तूफ़ान को झेलना
मुँह नहीं फेरना,
दे कठिन इम्तिहान
धैर्य का दामन थाम,
तिमिर भगाता जा
चिराग जलाता जा,
मन में आस का,
दीप जलता जा।

नन्हे मुन्ने बच्चे

नन्हे मुन्ने बच्चे हैं हम,
अपनी धुन के पक्के हैं हम,
पढ़ लिख कर ज्ञानी बनकर,
नई राह दिखाएंगे हम,
नहीं करेंगे झगड़ा कभी भी,
सबको गले लगाएंगे हम,
छोटों को प्यार बड़ों को मान,
नया इतिहास रचाएंगे हम।

पेड़ पौधों से जीवन हमारा
नए-नए पेड़ लगाएंगे हम,
प्राणी रक्षा धर्म हमारा
हर प्राणी से दोस्ती निभाएंगे हम,
जल की हर एक बूंद कीमती,
एक एक बूंद बचाएंगे हम,
न कोई छोटा न कोई बड़ा,
सुंदर दुनिया सजाएंगे हम!

जरा सी आंख लगने में ...

जरा सी आंख लगने में ही, शाम ढल जाएगी।
मौत को दोष न देना, जिंदगी छल जाएगी।।

संचित हो रहा पल पल, जीवन की किताब में,
लेखा जोखा पूरा है, समय के हिसाब में,
बचपन से बुढ़ापे तक अनगिनत पड़ाव हैं
समय गंवाते मत जाना, उलझ जाओगे जवाब में,
हाशिये पर पहुंच गए तो जिंदगी खल जाएगी।
जरा सी आंख लगने में ही, शाम ढल जाएगी।

कभी किसी गैर की, थकान ने किसी को मारा,
झंझट में फंस गये, गर्दिश में डूबा सितारा,
सोचते ही रह गए, निकल गया समय सारा
मांगी जो मौत तो मौत का भी न इशारा,
पछतायेगें समय गंवा, रात भी जग जाएगी।
जरा सी आंख लगने में ही, शाम ढल जाएगी।

जीवन का हर क्षण अमूल्य, है ये जान लो,
जिस समय जो करना हो, उसका तो भान हो,
समय है बहुत कीमती समय का न दान हो
सही समय पर सही निर्णय की, सही पहचान हो,
समय की पहचान से, जिंदगी संभल जाएगी।
जरा सी आंख लगने में ही शाम ढल जाएगी।
मौत को दोष न देना, जिंदगी छल जाएगी।।

मन की बात

मन से मन की बात करूँ तो
कभी रोऊं कभी मुस्काऊँ।
मन से मन की बात करूँ तो
कभी खुद को ही सुलझाऊँ।।

मन से मन की बात करके
कभी चक्रव्यूह में घिर आए,
मन ने मन को समझाया तो
चक्रव्यूह से निकल आए,
कभी मन बातों में विरह रस
कभी रोमांस से भर आए,
कभी मन बातों में कुरुक्षेत्र
कितने युद्ध जीत आए,
प्यारा रिश्ता मन से मन का
तन्हाई को दूर भगाऊँ,
मन से मन की बात करूँ तो
कभी रोऊँ कभी मुस्काऊँ।

मन से मन की बात न्यारी
लगे मन की बात पूर्णिमा,
जितना चाहें करते जाएँ
बंधी नहीं है कोई सीमा,
उतार चढ़ाव भरी कुछ बातें
कभी तेज कभी धीमा धीमा,
कभी खुद ही समझ न पाए
कभी बन जाए बातों का कीमा,

उलझी हुई मन की बातों को
मन से ही बहलाऊँ।
मन से मन की बात करूँ तो
कभी रोऊँ कभी मुस्काऊँ,
मन से मन की बात करूँ तो
कभी खुद को ही सुलझाऊँ।।

मुक्तक

दूर तक निगाहें ढूँढती जिसे, नजर नहीं आता है।
जिंदगी का कोहरा ज्यादा ही घना हुआ जाता है।
अब मौसम से बचने के उपाय तो ढूँढ लिए हमने,
कब समझेंगे मन कोहरा कैसे हटाया जाता है।।

एक मुलाकात

एक मुलाकात से, दिल की धड़कन बढ़ गई!
जादू कर डाला, मिलने की तड़पन बढ़ गई!!

पहली मुलाकात तो, इत्तफाक की बात थी,
आँखों में बस गए मेरे, क्या हसीन रात थी,
एकटक देखना चाहते, पर दुनिया का था डर
लगने लगा, प्यार की, हो गई शुरूवात थी,
नजरों के वार से ही, तन में सिरहन मच गई।
एक मुलाकात से, दिल की धड़कन बढ़ गई।।

न जाने कितनी रातें, करवटें बदल बिताई हमने,
खुली आँखों से देखने लगे तुम्हारे ही सपने,
खोए से रहते और लगे रहते तुम्हारी माला जपने,
तुम अपनों से भी ज्यादा, लगने लगे थे अपने,
न भूल पाए वो मुलाकात, ऐसी चिपकन बन गई
एक मुलाकात से दिल की धड़कन बढ़ गई।
जादू कर डाला, मिलने की तड़पन बढ़ गई।।

चाँद के सपने

चाँद के सपने लिए, मैं उड़ रही जाने कहाँ।
तारों बीच मोतियो से, चुन रही दाने वहाँ।।

चाँद सा साथी मिले, मैं सोच रही हूँ कभी,
पुष्प की वाटिका से, फूल तोड़ रही हूं कभी,
खोने लगा दिल मेरा, चाँद की गहराई में
तितलियों के बीच में भी, डोल रही हूँ कभी, ,

प्रेमी धुने आलाप की, सुन रही रागे वहाँ।
चाँद के सपने लिए मैं उड़ रही जाने कहाँ।

सपनों की दुनिया से, कभी न निकलूं मैं बाहर,
चाँद नूर बरस रहा कैसे निकलूं मैं बाहर,
बिन पंखों के आज कहीं भी पहुँच जाऊँ मैं
स्वप्न हकीकत बने, प्रेम से न निकलूं मैं बाहर,

लौट न जाऊँ दुनिया में, चुभती हैं फांसे यहाँ।
चाँद के सपने लिए मैं उड़ रही जाने कहाँ।।

कभी न जाना दूर

है तू मेरे दिल की धड़कन, कभी न जाना दूर।
तुझको देख मचले मन, और छाना सरूर।।

तुझको देखा तो ख़्वाब सजा लिया
प्रभु से पहले मैंने तुझको दर्जा दिया,
जन्मों के साथ का शायद दिल लगा लिया
लाखों आए निगाह में पर तूने कब्जा किया,
मिल गए अब हम दोनों, साथ निभाना हजूर।
तू मेरे दिल की धड़कन, कभी न जाना दूर।।

दिल की गहराइयों में कैसे बस गए हो
अपना दिल अपना नहीं, ऐसे बस गए हो,
दिल के मंदिर में दिन रात तेरी पूजा है
तेरे नाम को जपना, अब न काम दूजा है,
प्रभु से पहले याद तेरा नाम आना जरूर।
है तू मेरे दिल धड़कन, कभी न जाना दूर।।

जीवन भर का रोग, मैंने तो पाल लिया,
दिल तोड़ या जोड़ अब तुझ पर डाल दिया,
मेरे दिल की चाह बीते जीवन तेरे साथ में
जीना मरना मेरा तो अब तेरे हाथ में,
अलग करे कोई हमको तो, जहर खाना मंजूर
तू मेरे दिल की धड़कन, कभी न जाना दूर।।
तुझको देख मचले मन, और छाना सरूर।।

इंसान इंसान को निचोड़ रहा

आज कल कुछ डॉक्टरों ने
गहरे जख्म दिए अनेकानेक,
तमाशा बना दिया मरीज का
अनगिनत जख्मों को फेंक,
बीमारी में अस्पताल रुख
करना तो पड़े हमें,
क्या पता जीवन के पहरेदार
दबोच लेंगे हमें,
बीमारी ठीक होती नहीं
नई नई जांचों का बवाल,
कितना भी मालामाल
हो जाता है फटेहाल,
फरिश्ता मान जीवन की
भीख मांगते रहे,
वो तो बस पैसे पे पैसा
ही जानते रहे,
वेंटिलेटर पे बाप पर
बेटे ने गाढ़ी कमाई लुटाई,
निर्जीव पड़े शरीर से
वेंटिलेटर पर करी कमाई,
इंसान इंसान को निचोड़ रहा
डॉक्टर नर्स संग बेजोड़ रहा,
सफेद कपड़ो में काला नाग
हर और लगा दी चिता में आग,
पैसा ही बस उनका तो खास
बिन पैसे के बुझे न प्यास !

शायरी तुम्हारी

छुप झुप के पढ़ने के बहाने
शायरी तुम्हारी पढ़ रहे हैं,
परीक्षा के दिन हैं नजदीक
पर शेर तुम्हारे पढ़ रहे हैं,
दिले हाल जो कहते हो तुम
अपने लिए ही समझ रहे हैं,
इश्क परवान चढ़ रहा है
जाम शब्दों के चख रहे हैं,
अशआर के माया जाल में
देखो हम फंस रहे हैं,
दिल किताब है यह तुम्हारी
रात काली हम कर रहे हैं !

कौन अपना कौन पराया

जिसे चाहा कभी हमने
उसी से ही धोखा खाया,
जीवन भर के साथ को
चंद पलों में ठुकराया,
लुट गया दिल अपना तो
तब कहीं समझ आया,
समझे तो जरा देर से
'कौन अपना कौन पराया'
मतलबी दुनिया है यह तो
मतलब की ही है माया,
सारे रिश्ते एक तरफ पर
माँ का रिश्ता समझ आया,
अद्भुत तार से जुड़ा हुआ
माँ ने ही बस भला चाहा,
मतलब निकला जब तक ही
लोगों ने साथ निभाया,
कुछ कम, पर थे बिरले भी
अनजान बनकर हाथ संभाला,
यह जीवन तो अद्भुत जीवन
पहचान मुश्किल 'कौन अपना कौन पराया',
एक दूजे से जुड़ा है जीवन
जख्म पर मरहम कभी नमक पाया,
फूंक फूंक कर रखे कदम
पर अपनों से ही धोखा खाया,
गुजर गया जब समय कभी तो
जान गए 'कौन अपना कौन पराया'।।

अब फोन जीत गये

छत पे कांव–कांव करे कौवा
अब वो दिन बीत गये,
मोबाइल पे मेहमान खबर
देखो फोन जीत गये,
इक्का–दुक्का कोई पक्षी
जब ढूंढे कोई शजर,
वो भी सूखा सूखा सा
कब मुरझाए लगे है डर,
ए इंसां तू बन न मालिक
प्रकृति तेरी न दास प्रिये
प्रकृति दोहन से डर प्रिये
जीव जंतु लुप्त हो रहे
पेड़ पौधे सुप्त हो रहे,
पैरों तले जमीं खींच के
अपनी मुट्ठी में सब भींच के,
जीवन के लिए जो जरूरी
उसका कर सम्मान,
तीव्र बुद्धि मिली जो तुझको
प्रकृति को पहचान,
जंगल बचा, जीव – जंतु बचा
फालतू न दिमाग खपा,
प्रकृति तेरी मनमीत प्रिये
कर प्रकृति से प्रीत प्रिये।
छत पे कांव–कांव करे कौवा
अब वो दिन बीत गये।

हुनर है तो कदर है

हुनर है तो कदर है, वरना सब बदतर है !
हाथ लकीरों में कमतर, बड़ा कष्ट कर है !!
हुनर है तो कदर है....
गुदड़ी के लाल भी देखे हैं कई बार
मेहनत के हुनर से खिलता परिवार,
मेहनत के ही दम पर, बढ़ने का जज्बा
रंक से राजा बनते भी देखे कई बार,
हर किसी का अपना न्यारा करबर है।
हुनर है तो कदर है, वरना सब बदतर है।।

हुनर से ही लेखनी दिखाती कमाल है
प्रेम में रंगे तो दिल मालामाल है,
दिल और दिमाग पर हावी इस कदर
खंजर सी चुभे तो मचाती धमाल है,
कितना हुनर मिला किसे अपना मुकद्दर है !
हुनर है तो कदर है, वरना सब बदतर है !!

हिन्दी है मंजिल

दिलवाले हिन्दुस्तानियों का, हिन्दी है दिल।
हिन्दुस्तान मिट्टी में हिंदी, हिन्दी है मंजिल।।

करने जतन, जो विश्व में हिंदी प्रचलित हो,
अंग्रेजी के साथ विश्व में हिंदी सुसज्जित हो,
हर जगह अंग्रेजी की ही हो रही वाह वाही
अपने देश में अपनी भाषा हो गयी परायी,

हिन्दी को दबाकर, हमें न बनना बुझ दिल।
दिलवाले हिन्दुस्तानियों का हिन्दी है दिल।

हर प्रदेश की अपनी भाषा हिन्दी से टकराई,
अपनों बीच सिमटी हिन्दी, मन ही मन घबराई,
प्रांतीय भाषा संग हिन्दी को अपनाते जाओ
मना हिंदी दिवस, न होगी हिन्दी की अगुवाई,

हिंदी की शहनाई बजानी, सबको संग मिल।
दिलवाले हिन्दुस्तानियों का, हिन्दी है दिल।

हिंदी वैज्ञानिक भाषा हिंदी का ऊंचा स्थान,
हिंदी है सुसभ्य भाषा, करे सबका सम्मान,
सोए को जगाना है, हिंदी को अपनाना है
हिंदी उच्चतम साहित्य, देता जग को ज्ञान,

हिंदी की बगिया में, भारतीय रहे खिल-खिल।
दिलवाले हिन्दुस्तानियों का, हिन्दी है दिल।

बचाने दामन

हर तरफ घूम रहे हैं रावण।
खुद अपने बचाले दामन।।

दुशासन, दुर्योधन दुनिया में
संभल के रहना कुटिया में,
नन्ही कन्या हो या नारी
समझ न खुद को तू बेचारी,
रखने होंगे पवित्र सब सावन।
खुद अपने बचाले दामन।।

नारी तू अबला नहीं बनना
न किसी की क्रूरता सहना,
अपनी शक्ति को पहचान
लक्ष्मी बाई सी रख तू शान,
अपनी खुद बनो तुम तारण।
खुद अपने बचाले दामन।।

पुरुष को जन्म देने वाली
क्या वो करे तेरी रखवाली,
छुपाकर रख धारदार अस्त्र
जरूरत पड़े तो निकाल शस्त्र
चंडी रूप करने होंगे धारण।
खुद अपने बचाले दामन।।

प्रीत के गीत गाने दो

सावन आया झूम के, प्रीत के गीत गाने दो।
मदिर नयन में उठी तरंगे, नजर थम जाने दो।।

रिमझिम रिमझिम बूँदें गिर के
मन मयूर सा नाचे थिरके,
बस में नहीं रहे ये जिया
हृदय पुकारे पिया पिया,

मनभावन मौसम के नखरे, अब आनंद उठाने दो।
प्रेम फुहार फूट रही हैं, प्रेम का रस बरसाने दो।

सप्तम स्वर में कोयल गाए
बरखा पातों को नहलाए,
इन्द्रधनुषी हुआ नजारा
बादल अब सारे आवारा,

हिलोरे उठ रही हैं प्रेम की, शरारत हो जाने दो।
सावन तो होता है कातिल, दिल से दिल मिलाने दो।।

अवनि तो दुल्हन सी सजी है
भीगी भीगी सहमी सी है,
अंतस जरा सा है नादान
मचा रहा देखो कोहराम,

बिना पिए सब थिरक रहे हैं, आज तो बहक जाने दो।
कल को सम्भल ही जाएँगे आज को दहक जाने दो।।

पाप पुण्य

इंसान कर्म पाप पुण्य
कर्म से मिलते दाम रे,
जीवन तोलन दो पलड़े
दोनों में पुण्य थाम रे।

पाप का सदा बुरा अंत
न पाप का तो नाम ले,
मनु जन्म मिले मुश्किल से
पुण्य की पकड़ लगाम रे,
पाप कर मन रहे खराब
क्यूं पापों का जाम ले,
पुण्यों से मन खिल जाए,
शुभ दिलाए आराम रे,
सत्य का ही देना साथ,
रहे जीवन का कलाम रे,
जीवन तोलन दो पलड़े
दोनों में पुण्य थाम रे।

भूखे को भोज कराना
सबसे बड़ा ही काम रे,
दीन दुखियों कि, की जो सेवा
हो गए चारों धाम रे,
पाप, पुण्य का लेखा जोखा,
जाए परलोक धाम रे,
पुण्य से आज व कल सुन्दर,
मिले सुन्दर परिणाम रे,

राम नाम के दोनों पलड़े
न कभी हो गलत काम रे,
जीवन तोलन दो पलड़े
दोनों में पुण्य थाम ले।
इंसान कर्म ....

मुक्तक

गूँज रहा चहुँ ओर नाम, जय श्रीराम, जय श्रीराम।
सुबह व शाम, भक्त दिल में बसते राम, जय श्रीराम।
ये सुखद घड़ी कितनी प्रतीक्षा के बाद अब आई,
दूर नहीं राम राज्य, खुल गए अयोध्या पट धाम।।

जाना उस पार है

माटी के पुतले को न समझ, असली जीवन सार है।
झर-झर झर रहा है पुतला, जाना उस पार है।।

मानव जन्म मिले मुश्किल से, कर्म अपने सुधार ले,
आज जो पाया श्रेष्ठतम, पिछले जन्म के उपकार थे,
निष्केवल अध्यात्म ज्ञान का, रसास्वादन करता जा
अब राम नाम को लूट ले, उससे आनंद अपार मिले,
जरा, व्याधि से मुक्ति मिले, तब जीवन साकार है।
माटी के पुतले को न समझ, असली जीवन सार है।।

तन तो है ही नश्वर, एक दिन तो मिट जाना है,
अमर आत्मा का अस्तित्व, उसपे ध्यान लगाना है,
जब जागो तभी सवेरा, शाश्वत सत्य को जान ले
तन की चेतना है जिससे, उसको ही जगाना है,
इंद्रियों के पर्दों से ढका, आत्मा का संसार है।
माटी के पुतले को न समझ, असली जीवन सार है।
झर-झर झर रहा है पुतला, जाना उस पार है।।

भारत है गुणों की खान

भारत है गुणों की खान,
ऋषि मुनि अत्यंत महान।
जो विज्ञान आज बताता,
पहले से जाने दास्तान।।

आर्यभट्ट ने जो बतलाया,
अर्से बाद समझ में आया,
कॉपरनिकस, आर्कमिडीज सिद्धांत
प्रथम आर्यभट्ट ने समझाया,
अब बताओ विश्व गुरु कौन
भारत को अग्रिम ही पाया,
आयुर्वेद की जननी भारत
जड़ी, बूटी उपचार बताया,
यूं ही तुलसी को न पूजे
तुलसी ने असाध्य रोग भगाया,
रसोई मसाले बचाते जान।
भारत है गुणों की खान।।

गाय हमारी माता है
युगों युगों से नाता है,
वृक्ष के हम हैं संरक्षक
वृक्ष को पूजा जाता है,
योग से ग्रह दूरी नापी
धरा से ग्रह चाल बताता है,
जीरो का आविष्कारी भारत
प्राणायाम का ज्ञाता है,

हर देश में भारत बाशिंदा
अपना दिमाग चलाता है,
भारत बनेगा विश्व गुरु
सनातन में समाते प्राण।
भारत है गुणों की खान
ऋषि मुनि अत्यंत महान,
जो विज्ञान आज बताता
पहले से जानें दास्तान।।

मुक्तक

जो किया वादा निभाया कीजिए।
जब बुलाए तब तो आया कीजिए।
प्यार करके क्या छुपा पाओगे वो,
प्यार करना तो जताया कीजिए।।

किस-किस की सुनूँ

कोई सा भी क्षेत्र हो भाई
राजनीति हर और समाई,
सुनूँ किस-किस की, हे प्रभु
यही सोच सोच बुद्धि भरमाई,
बीमार पड़े तो हिदायतें बहुत
मिली नहीं कभी सही दवाई,
दीदी, भैया के गुजरे जमाने
कहीं बहन, कहीं नहीं भाई,
घर के बड़े की, सब सुनते थे
संयुक्त परिवार प्रथा गड़बड़ाई,
मांगी राय मिली भी सबकी
किसकी सुनूँ विभिन्नता समाई
नेताओं की तो बात निराली
सब ने अपनी ही गाथा गाई,
पक्ष विपक्ष की अद्भुत बातें
एक दूजे की खिल्ली उड़ाई,
कौन है सच्चा कौन है झूठा
किसकी सुनूँ, समझ न पाई,
बिन बादल बरसात हुई है
भविष्यवाणी भी घबराई,
घर, बाहर, किस-किस की सुनूँ,
सुन-सुन-सुन की बाढ़ आई।
समझे तो जरा देर से समझे,
इधर से सुनो, उधर से निकालो भाई।।

दुनिया गोल है

यह दुनिया गोल है,
मस्त मस्त भूगोल है।
जैसे चँदा गोल है,
वैसे दुनिया गोल है।।

एक सिरे से दूसरा छोर
पकड़ न सके कोई डोर,
कहीं जल के सागर हैं तो
कहीं रेगिस्तान के धोर,
कहीं बस बर्फ जमी रहे
कहीं पसीने के हैं जोर,
कहीं वर्षा बूंदे छम्म छम्म
कहीं नाचे छम्म छम्म मोर,
कहीं पर्वत कहीं पर नदियाँ
कहीं तूफानों के हैं शोर,
कैसी अद्भुत दुनिया,
तभी तो गोलम गोल है।
यह दुनिया गोल है।।

जब बिछड़ा कोई मिल जाए
दुनिया खेल समझ में आए,
अचानक बरसो बाद मिलें तो
गोल दुनिया ही मेल कराए,
शत्रुता की परिभाषा में
कभी कोई गायब हो जाए,
आज नहीं तो कल मिलोगे

कब तक छुपे, कैसे भाग पाए,
लौट के बुद्धू घर को आए
जब गोलमाल रास न आए,
कुछ भी कह लो दुनिया हमारी,
सब ग्रहों में अनमोल है।
यह दुनिया गोल है।।

मुक्तक

प्यार करना लगे अब जफ़ा तो नहीं।
दो कदम साथ मेरे चला तो नहीं।
रहमते तो खुदा की रही इस कदर,
ओखली में दिया सिर कटा तो नहीं।

दोस्ती की जलती रहे ज्योत

सच्चा प्यार भरा दिल, रखते हैं सच्चे दोस्त।
खुशनसीब जिन्हें, मिलते हैं प्यारे सच्चे दोस्त।।

धड़कता दिल, दोस्त की खातिर, वही सच्चा प्यार।
सुख दुख में संग निभाने को, तैयार रहते दोस्त।।

न लिंग बंधन, न उम्र बंधन, दोस्ती की डगर पर।
सम प्रेम की गंगा बहती, सुदामा, कृष्ण सरीखे दोस्त।।

सच्चे दोस्त दिल को जाने, कोई राज, राज न रहे।
बिन कहे सब जान जायें, ऐसे होते बिरले दोस्त।।

विषम मोड़ पर, संभालें डूबती नैया की पतवार।
गिरने से पहले संभाले, सेवक होते है ऐसे दोस्त।।

हर रिश्ते से ऊपर, अनमोल दोस्ती का रिश्ता।
न जाति, न धर्म से वास्ता, होते हैं फरिश्ते दोस्त।।

पानी में शक्कर जैसे, दोस्त-दोस्ती में रंग जाएँ।
दोस्ती प्रकाशित चिराग की जलती रहे ज्योत।।

चल सुमिरन पथ पर

जीवन के हर मोड़ पर, खुशियों की चाह में
चलते रहे चलते रहे, उबड़ खाबड़ राह में,
चलता रहा सिलसिला ख़ुशी व ग़म का
गुजारी रातें भी कभी, किसी की पनाह में,
हर समय अपनी ही इच्छाएँ पूरी करते रहे
समझ रहे बहुत ताकत है, हमारी बाँह में,
एक दिन अचानक, जोर का झटका लगा
एक के बाद एक अरमान, गिर रहे दाह में,
वर्ष गुजरते गए कुछ अच्छा न रहा
कोई पल सुकून से गुजरा नहीं माह में,
सही, गलत का दिल पर बोझ लिए फिरते रहे
कितनों ने कुचला हमको मंजिल की थाह में,
एक बार जब एक संत से हुई मुलाकात
स्वयं के कर्म फल के, दुख थे प्रवाह में,
तभी अचानक बज उठे, तार मेरे मन के
सुख, दुख ही मिलेंगे, जीवन सागर राह में,
भवसागर से तरने को एक ही है रास्ता
चल सुमिरन पथ पर, बसा प्रभु को निगाह में।

प्रण

जीवन एक अजीब यात्रा।
सबकी अलग पहचान है।
राहें जुदा जुदा हों चाहे,
हर कोई चाहे सम्मान है।

कोई जिए स्वयं खातिर।
कोई देश पे मिट जाए।
कोई तोड़े प्रण लेकर,
कोई लुटा दे प्राण है।।

प्रण कहें या कसमें, वादे।
एक सिक्के के दो पहलू।
तोड़ना न कभी भी तुम,
जब तक यह जहान है।।

प्यार किया, अंत समय तक।
निभाना भी तो चाहिए।
जिसने तोड़ा प्रण प्यार का,
स्वयँ का तोड़ा ईमान है।।

प्रण लेकर जो कोई तोड़े।
चैन से न जी पाएगा।
दुर्योधन का हश्र जान लो,
आफत में आई जान है।।

जीवन का लक्ष्य

लक्ष्य लेकर चला जीवन में
वो ही सफल हो पाया है,
राह में आई कठिनाइयों से
जो कभी न घबराया है,
लक्ष्य प्राप्ति सपना लेकर
असली जामा पहनाया है,
लक्ष्य पर सही निर्धारण
हर कोई नहीं कर पाया है,
गुरु के शिष्य तो अनेकों होते
अर्जुन ने ही भेद पाया है,
जो लक्ष्य रहे अभ्यास के
एकलव्य सा लक्ष्य पाया है,
बिन लक्ष्य के तीर मारते
बहुतों को ऐसा भी पाया है,
खाली हाथ दिखाते हैं कई
भाग्य पर दोष लगाया है,
लक्ष्य बिना जीवन जी कर
'गीता' मानव जन्म गंवाया है।
अब जो लिया लक्ष्य प्रण से
सार्थक जीवन बनाया है।।

हादसों के सितम

हादसों के ही युग में रहते हैं हम।
अचानक हादसों को सहते हैं हम।।

कई हादसे दिल तोड़ देते
कई हादसे दिल मोड़ देते,
हादसों के जख्म इतने गहरे
सदा मुस्कान पर लगा दे पहरे,

जिंदा लाश फिर बन जाते हैं हम।
हादसों के ही युग में रहते हैं हम।।

कहते मिलता भाग्य, कर्म गति से
करते रहो उद्धार, अपनी मति से,
क्रूर हाथों द्वारा सब छीन लेना
हादसों में जीवन की भीख देना,

दरिंदों पे रहम भी देखते हैं हम।
हादसों के ही युग में रहते हैं हम।।

कई बार हादसे, करवाए भी जाते
हादसे छुपाने के जोर लगाए जाते,
हादसे करने वाले ही जीत जाते
झूठे आँसुओं से हादसे दफन हो जाते,

हादसों से क्या बच सकेंगे हम।
हादसों के ही युग में रहते हैं हम।

मैं हूं बादल आवारा

मैं हूं बादल आवारा
मैं हूँ हवा के प्यार का मारा,
न तपन जब सह पाए जल
वाष्प में जब बदल जाए जल,
वही तो मेरी जन्म कहानी
धरती मेरी रही दीवानी,
जब जब धरती पर बरसूँ
मोती बूँदों सा उछलूं,
वर्षा ऋतु में ज्यादा आगमन
खिला दूँ सारे चमन उपवन,
निहित मुझ में रंग सतरंगी
सफेद, नीले, काले, नारंगी,
सुबह शाम की रंगत लाल
सूर्य देवता का है कमाल,
कभी-कभी मैं सूरज ढक लूँ
दिन में ही अंधकार धर दूँ,
उष्णता के काम करो तुम
फटूँ तो बदनाम करो तुम,
हवा तो है मेरी प्रियतमा
उसके संग ही घूमता चलता,
कहीं पर दिखूँ कहीं पर बरसूँ
हवा के साथ को मैं तरसू,
खेतों का हूँ मैं सहारा
आसमां का हूँ मैं प्यारा
बहते जल की हूँ मैं धारा,
सावन का मैं हूं बादल न्यारा।

ये जीवन हमारा

एक दूजे की सहायता करके, चले जीवन हमारा।
कुछ दिन सूरज न निकले तो, डरे जीवन हमारा।।

प्रकृति सहारे चलती दुनिया, प्रकृति मदद भली,
प्रकृति नियमानुसार चले तो, प्रकृति अदब भली,
सहयोग करने को पृथ्वी, अपनी धुरी पे सतत चली
सब ऋतुओं का अपना आनंद, पर लगे शरद भली,

सहयोग, मदद, सहायता से खिलता उपवन हमारा।
एक दूजे की सहायता करके, चले जीवन हमारा।।

कोई किसी को चोट पहुंचाए, कोई किसी का संबल,
कोई वाणी से अमृत बरसाए, कोई पिलाए गरल,
कोई सहारा छीनता जाए, कोई सहारे में अव्वल
कोई सहयोगी बिरला योगी, जंगल में कर दे मंगल,

सहयोग, मदद, सहायता, सहारा, अच्छे मन की धारा।
एक दूजे की सहायता करके, चले जीवन हमारा।।

चलो शिव के आँगन

बारिश की फुहार से
भीग रहा घर आँगन,
मन को लुभा रहा सावन
सबको भिगो रहा सावन,
जलाभिषेक का समय आ गया
चलो चलो शिव के आँगन।।

तीज त्योहार से भरे भरे दिन
नया जोश भर देवे मन में,
बम बम भोले गूँज हो रही
"कावड़" चल पड़े जल भर के,
सावन की होए जब दस्तक
जलाभिषेक ही है मकसद,
कावड़ से हो जाएँ पावन।
चलो चलो शिव के आँगन।।

हरिद्वार से कावड़ भरकर
रामेश्वरम ले जाना है,
कठिन डगर है दूर नगर है
पर हमको वहाँ जाना है,
सावन के महीने का तो
हमको लुफ्त उठाना है,
कावड़ का पकड़ के दामन।
चलो चलो शिव के आंगन।।

बचपन से काँधे पे कावड़

संस्कार बन गये हैं कावड़,
जबतक जलाभिषेक न करे
कावड़ धरती पर न धरे,
नंगे पांव धरती पर चलकर
शिवरात्रि पे जल अर्पण कर,
सोमवार का करके ध्यानम।
चलो चलो शिव के आँगन।।

मुक्तक

मिलेगा हर किसी को प्यार मंजूरी नहीं देखी।
दिवानों को रोके कोई ऐसी मजबूरी नहीं देखी।
दिलों को जीतने का हुनर हर कोई नहीं जानें,
सभी ख्वाहिश हो पूरी ऐसी कस्तूरी नहीं देखी।।

बरखा रानी बरसो रे

बरखा रानी बरसो रे
सूखी धरती तर दो रे,
प्रेमी पुकार सुन लो रे
रिमझिम बूँदे झर दो रे,
बरखा रानी बरसो रे।
सूखी धरती ...

खिली सुनहरी किरणों में
अचानक टपक जाती हो,
देख देख मनवा हर्षित
हमको बहुत सुहाती हो,
आस बँधाकर कभी तो
हवा संग उड़ जाती हो,
मेंढक टर टर गूँजेगा
ताल तलैया भर दो रे।
बरखा रानी बरसो रे।।
सूखी धरती...

मनमोहक बरखा प्यारी
ताप से निजात दिलवाना,
कहीं पर कम, कहीं ज्यादा
न असमता, कहीं फैलाना,
न कुछ सूखे, न कुछ डूबे
ऐसी धार बहा जाना,
कभी धूप कभी छाँव की
आंख मिचौली कर दो रे।

बरखा रानी बरसो रे।।
सूखी धरती ...

आशाओं से भरा मोर
करता तुम्हें इशारे,
हरियाली प्राणदायिनी
दिल की खिली बहारे,
न तुम बिन जीवन चले
तुमने ही जीवन सँवारे,
बरखा रानी मस्तानी
खेतों में जल पूर्ति कर दो रे
बरखा रानी बरसो रे
सूखी धरती ...

परदेसी पिया

मौसम कितना प्यारा, सुहाना, मस्ताना।
बाबा का नीम पेड़ पर झूला डलवाना।।
अंगड़ाइयाँ ले रहा है देखो, देखो सावन।
परदेसी पिया मेरे, जल्दी वापस आ आना।।

झूले पर झूल रही, कितने ही अरमान लिए
न जाने कब आओगे, यही रहे ध्यान प्रिय,
कितने दिन रहूँगी, बाबुल का एहसान लिए,
विदाई से पहले तो घर, मेरा था जान प्रिय,
कितने दिन खा पाऊँगी, पराए घर का दाना।
परदेसी पिया मेरे, जल्दी वापस आ आना।।

जब तुम विदेश गए, दिल पे पत्थर रख भेजा,
कैसे खाते पीते होंगे, आए मुँह को कलेजा,
काली नागिन सी रातें, है घबराता मन भेजा
तुम संग बीते पलों को ही यादों ने सहेजा,
बदले मौसम में तो, मुश्किल अकेले रह पाना।
परदेसी पिया मेरे, जल्दी वापस आ आना।।

सखियां भी ताने कसती, तुम मुझको भूल गए,
कितना प्यारा मौसम देखो, वो क्यों दूर गए,
मैं देखूं सपने सुहाने जागूँ तो वो चूर हुए
मौसम भी चिढ़ा रहा, कहे तेरे सब नूर गए,

अबतो सावन में साजन, छुट्टी पर आ जाना।
परदेसी पिया मेरे जल्दी वापस आ आना।।

अधूरे ख्वाब

अधूरे ख्वाब लिए बैठे, सोचा न था कभी न पूरे होंगे।
जिंदगी गुजर गई आधी, लगता नहीं अब पूरे होंगे।।

धर्म नाम पे लड़ना बंद हो, एक ख्वाब सजाया था,
न जाति में वोट बँटे, यह भी समझ तो आया था,
गरीब, अमीर खाई पटे, कितना जोर लगाया था,
ख्वाब तो ख्वाब रह गए, सोचा न था अधूरे होंगे।
जिंदगी गुजर गई आधी, लगता नहीं अब पूरे होंगे।।

मिलजुलकर जंग लड़ी थी, पाने को आजादी को,
स्वार्थी बन खड़े हो गए, आग लगाने वादी को,
गर्व बजाय, कोस रहे हैं अपनी ही आबादी को,
अपने ही अपनों को लूटें, अपने ही घर में लुटेरे होंगे।
जिंदगी गुजर गई आधी, लगता नहीं अब पूरे होंगे !!

राम–कृष्ण का देश तो देखो, लगता एक सपना सा,
कहीं कंस, कहीं दुर्योधन, किसको समझे अपना सा,
कहाँ से ढूँढ के लाए कोई, जो सच्चाई का नपना था,
रामराज का ख्वाब अधूरा, पर पैदा रावण घनेरे होंगे।
जिंदगी गुजर गई आधी, लगता नहीं अब पूरे होंगे।।
अधूरे ख्वाब लिए बैठे हैं, सोचा न था कभी न पूरे होंगे।।

स्नेह के धागे

स्नेह के धागे ऐसे धागे
अंत समय तक प्रीत निभाते,
अनजाने में जुड़ जाएँ बंधन
दिल से स्नेह की रीत निभाते,
जिंदगी के उतार–चढ़ाव में
स्नेह बंधन कभी न घबराते,
प्रथम तो जुड़ते मुश्किल से
जुड़ें तो अटूट हो जाते,
अनमोल होते स्नेह के धागे
हर किसी के समझ न आते,
आत्मा से आत्मा का रिश्ता
मन गहराई में समाते,
स्नेह के धागे स्नेह की हवाएँ
स्नेह की ही फसल खिलाते,
जो पवित्र स्नेह का बंधन जाने
स्नेह में देखे जान लुटाते
हम जब से लिपटे स्नेह धागे में,
घर में ही स्वर्ग समाते।

अपार खुशियाँ योग से जीवन में

आये अपार खुशियाँ, योग से जीवन में।
न फटके थकान, स्फूर्ति आए जीवन में।।

योग से स्मरण शक्ति में होए इजाफा,
योग से शरीर भार भी नहीं बढ़े ज्यादा,
अस्पताल से दूरियां बनी रहें सदा
दिनचर्या में ले लो योग का वादा,
स्वास्थ्य बगिया खिलती रहे, हर तन में।
आये अपार खुशियाँ, योग से जीवन में।।

राम बाण औषधि हैं, योग आदते,
अस्थि रोग योगी से, दूर भागते,
हृदय रोग की भी कोई संभावना नहीं
दैनिक योग जीवन में नूर डालते,
यौवन की दहलीज रहे सदा मन में।
आये अपार खुशियाँ, योग से जीवन में।।

प्राणयाम योग के हैं मुख्य आकर्षण,
साँस गति नियमित मिले, स्वस्थ आनंदम,
सूर्य आसन ने तो सब कुछ सशक्त किया
योग से आबाद सुसज्जित, तन वातावरण,
न गंवाओं समय तुम आलसपन में।
आये अपार खुशियाँ, योग से जीवन में।।

दीर्घायु बनाए योग, उम्र में लगें चार चाँद,
इसलिए योग की बढ़ रही, जोरदार मांग,

बढ़े प्रतिरोधक क्षमता, रोग खाए मात
योग को न समझें, बेकार का स्वांग,
नियमित योग से रहे, मुस्कान जीवन में।
आये अपार खुशियाँ, योग से जीवन में।।

मुक्तक

कभी मन इतना व्याकुल और बेबस हो जाता।
पहेली सुलझाये पर सुलझा कहाँ वो पाता।।
जब कहने को लालायित, पर अवसर ही न मिले,
सवालिया निशां छोड़ जग से रुखसत हो जाता।।

जिंदगी का वरदान

अधूरापन जिंदगी का वरदान बन गया।
रही पीड़ा मगर खुद ही, कद्रदान बन गया।।

किया कभी प्रेम हमने भी एक भले इंसान से
देखने को इक झलक घूमते थे परेशान से,
आते जाते मिले कभी तो, आंखें चार हो गई
बेकरारी ऐसी रही शामें गुलजार हो गई,
चलता रहा सिलसिला समय आगे बढ़ता रहा
पर कभी नहीं मिले हम, तीर नजर चलता रहा,
रोमांचित यादें देकर ही, वो बहारें खो गई
नशा जीवन भर का दे के, वो बहारें खो गई,
हृदय कलश यादों का रोशनदान बन गया।
अधूरापन जिंदगी का वरदान बन गया।
रही पीड़ा मगर खुद ही, कद्रदान बन गया।।

पाकर तो वो बात न होती जो बिन पाए पाया
धूमिल हुई नहीं यादें, दिखे उनका ही साया,
उस पल के एहसास से ही नया जोश भर आया
मेरे अधूरेपन को तो दिल ने प्रेम से सजाया,
वक्त की यादों ने आज भी जवां हमें बनाया है
मीठी मीठी टीस लगी, कुछ नहीं गँवाया है,
अधूरेपन की फिजाओं में यादों का जाल है
सपनों को महका रहा, प्यारा उनका ख्याल है,
मिले कभी न पर, यादों की खान बन गया।
अधूरापन जिंदगी का वरदान बन गया।
रही पीड़ा मगर खुद ही कद्रदान बन गया।।

पक्षियों की व्यथा

रहने को भवन चाहिए
खेत दिन दिन कटते जाते,
कारखाने मॉल चाहिए
हर दिन जंगल कटते जाते,
आने जाने को रस्ते चाहिए
हर दिन पेड़ कटते जाते,
इंसान को मनमानी चाहिए
ठिकाने परिंदे घटते जाते,
इंसान संख्या बढ़ती जाती
पक्षी धीरे-धीरे घटते जाते,
कई प्रजातियां विलुप्त हुई
पक्षी धीरे-धीरे मरते जाते,
पक्षियों का दर्द न समझे
भीड़भाड़ में पक्षी रह न पाते,
कौवे, चिड़िया, तोते, मैना
शहरों में अब नजर न आते,
रंग-ढ़ंग बदले जब से मानव ने
पक्षी अनुकूल वातावरण न पाते,
मूक पक्षी, असहाय पक्षी
कैसे अपनी व्यथा समझाते,
पक्षी इंसान के लिए लाभदायी,
यह बात कहाँ इंसान समझ पाते।

जिगर का टुकड़ा

मेरे जिगर का टुकड़ा, कभी न मुझसे दूर हो।
लगा रहे सीने से सदा, कभी न वक्त मजबूर हो।।

जबसे ममत्व पाया मैंने, दुनिया मेरी बदल गई,
अद्भुत रिश्ता पाया मैंने, दुनिया मेरी नवल गई,
माना जननी बनकर ही, दुनिया में स्वर्ग समाया है
अशांत सी रहती थी मैं, दुनिया मेरी चपल भई,

अब तुम ही मेरे दोनों नैनो का असली नूर हो।
मेरे जिगर का टुकड़ा, कभी न मुझसे दूर हो।।
लगा रहे सीने से सदा, कभी न वक्त मजबूर हो।।

तुम्हारे कोमल स्पर्श का, सदा मुझे एहसास रहे,
तुम्हारे दिल की धड़कन, सदा दिल के पास रहे,
तुम ही मेरे चँदा, तारे, तुम ही सबसे प्यारे
तुम्हें देखूं तो सूरज निकले, तुमसे ही उजास रहे,

तुम्हारे आने से जीवन में, बगिया मेरी भरपूर हो।
मेरे जिगर का टुकड़ा, कभी न मुझसे दूर हो।।
लगा रहे सीने से सदा, कभी न वक्त मजबूर हो।।

क्षितिज में चमकता चांद

क्षितिज में चमकता चांद, तू बहुत दिल अजीज है।
तारों के बीच खिलखिलाता, तू अद्भुत चीज है।।

सुंदरता की उपमा, इस धरती की सुषमा तुझसे,
कौमुदी बिखेरे ऐसी, सबकी निगाहें टिके तुझपे,
कभी दूज का चाँद, कभी चौदवीं का चाँद,
सुहागिन का सम्मानित देवता, करवा चौथ का चाँद,

किसी का आशीष, किसी के सुहाग का प्रतीक है।
क्षितिज में चमकता चाँद, तू बहुत दिल अजीज है।।

शरद पूर्णिमा पे सुधा बरसा, हर धर्म में जुदा अदा,
चाँद से जीवन संगीत सजा, प्रेमियों में रोमांच बसा,
तुझसे चाहे कितनी दूरी, तेरे बिन धरा अधूरी,
घटते बढ़ते क्रम तेरे, चतुर्थी पर मनोकामनाएँ पूरी,
हिंदू मुस्लिम सिख ईसाई, हर दिल के करीब है।
क्षितिज में चमकता चाँद, तू बहुत दिल अजीज है।।

हर घर का सम्मान बना रहे, धरती पे प्यार बना रहे,
शीतल किरणों दे दो आशीष, सुहागन श्रृंगार बना रहे,
तेरी शीतल चाँदनी रात में, प्रकृति का होता शृंगार
बादल से आँख मिचोली, प्रेम प्रेमिका में जगता प्यार,

चाँद सा साथी पाकर खुल जाता सबका नसीब है।
क्षितिज में चमकता चाँद, तू बहुत दिल अजीज है।।

जीवन अंदाज

कुछ पाने की जिद्द न करो
जिद्द करना है बेकार,
कर्म करना अपने वश में,
फल पर न अपना अधिकार।

बिन मांगे मोती मिले
कभी मिले छप्पर फाड़,
कभी हाथों में आया फिसले
कभी असफल जुगाड़,
मुट्ठी में बंद है भाग्य
मेहनत से बेड़ा पार,
इन्द्रियों को बस में किया तो
खुल जाएं सुख के द्वार,
कुछ पाने की जिद्द न करो,
जिद्द करना है बेकार।

जो मिलना है मिलकर रहेगा
बस मेहनत करते जाओ,
निर्बल का बल बनके देखो
आगे चल के न घबराओ,
मंजिल को पाना है तो
लक्ष्य को बस सामने लाओ,
हौसलों की नदियों में,
बहाओ हौसलों की धार।
कुछ पाने की जिद्द न करो,
जिद्द करना है बेकार।।

हौसले से भरी पतंग

हौसले से भरी पतंग, निखरी निखरी उड़ चली।
बेखौफ दूर, बहुत दूर, उड़ चली, उड़ चली।

ढील तो देनी थी, जो दी, आसमां छूने लगी,
जमाने की निगाहें भी तो खास घूरने लगी,
उंचाईयों को छूने लगी, विजय का था विश्वास
काटने वालों की होड़ का भी हो रहा आभास,
कुटिली चालों को दे मात, अपनी डगर बढ़ चली।
हौसले से भरी पतंग, निखरी निखरी उड़ चली।।

हौसलों की उड़ान को क्या कोई समझ पाएगा,
हौसले के दम पर तो जमाना बदल जाएगा,
पवन के विपरीत उड़ना सीखा हो जिसने
आए चाहें कितने तूफां, वो तो संभल जाएगा,
दूरदर्शिता का दर्पण लिए, सही मार्ग पर मुड़ चली।
हौसले से भरी पतंग, निखरी निखरी उड़ चली।
बेखौफ दूर, बहुत दूर, उड़ चली, उड़ चली।।

दीया तले अंधेरा

ऐसे तो होते हैं बिरले,
स्वयं जलकर करें रोशन जहान।
दीपक एक त्याग ज्योति,
दीपक जैसा न कोई महान।।

दीपक के साथ बाती, तेल
और माचिश की तिली,
रोशनी एक दिशा में नहीं
चारों दिशाओं में फैली,
जब तक दम जलता ही जाए
पर स्वयं तले अँधेरा,
अंधेरे में बन जाए साथी,
कम करे राह अंधेरा,
अपने घर में हो जाए स्वाह,
करे दूसरे की राह आसान।
ऐसे तो होते हैं बिरले,
स्वयं जलकर करें रोशन जहान।।

विवेकशील मानव

कभी विवेकशील मानव, बन जाए मंगलकारी।
कभी विवेकशील मानव ही, बन जाए अपकारी।।

मानव रूप में जन्म लिया, न बनना शैतान,
कर न सके भला कभी तो, न बनना हैवान,
बुरा मत देखो, कहो, सुनो की रखो बस सोच
मधुर वचन के मालिक बन, मीठी रखना जबान,

अहित कभी भी सोचना, पाप की भागीदारी।
कभी विवेकशील मानव ही बन जाए अपकारी।।

भला किया तो महान इंसान बन जाएंगे,
भला करने वाले महान ही कहलायेंगे,
अर्जुन बनना कठिन तो दुर्योधन न बन जाना
कौरव से बुरे करम से स्वयं मिट जाएंगे,

बुराई तो है बुरी, पाप के न बनें अधिकारी।
कभी विवेकशील मानव ही बन जाए अपकारी।।

किसी को दुख देकर अपनी झोली मत भरना,
इंसान की दुनिया में, सच का ही रख गहना,
खाली हाथ आए, खाली हाथ ही जाना है
जितना नसीब ने दिया उससे संतुष्टि रखना,

संतोष चैन की नींद चाहे महल या अटारी।
कभी विवेकशील मानव ही बन जाए अपकारी।।

जीना आसान

मुंह पर ताला लगा लिया तो
जीना आसान हो गया,
देख के अनदेखा कर देना
रोज का काम हो गया,
झूठ को सच में बदल देना
वकील का दाम हो गया,
जिसने सच का दामन थामा
जग में बदनाम हो गया,
बदल गया कितना जमाना
घर बच्चों के नाम हो गया,
जो वोट खरीदना जाने
कुर्सी का आराम हो गया,
ईमान का कोई मूल्य नहीं
महंगा बेईमान हो गया,
सच्चाई जो कहना चाही
कत्ले सरेआम हो गया,
न कुछ देखे, न कुछ बोले,
मजबूर इंसान हो गया,
नयन में श्याम, मौन में ही राम,
तभी जीना आसान हो गया।

रस्ता कहां है ?

जब से जन्म लिया धरती पर
ढूँढ रहे ‘ रस्ता कहाँ’ है,
दोराहे पर खड़े सदा ही
सोच रहे मेरा रस्ता कहाँ है,
अल्हड़पन में चले जहाँ भी
मात खाके लौट पड़े थे,
जब सयाना समझा खुद को
कितने न जाने मोड़ खड़े थे,
समझ न पाए किस ओर जाएँ
खुद से खुद ही लड़ पड़े थे,
बचपन में न देखा माँ-बाप को
अनाथालय में बड़े हुए थे,
जातियों से जब होने लगी दोस्ती
जाति अपनी का पता कहाँ है ?
दुनिया जो देखी, बंटी हुई थी
किस से मैं पूछूँ धर्म कहाँ है ?
एक तरफ मंदिर, एक तरफ मस्जिद
मेरा भगवन खुदा कहाँ है ?
मेरे उलझे सवालों का
हुआ कभी अंत कहाँ है।
जब से जन्म लिया धरती पर
ढूंढ रहे ‘ रस्ता कहाँ है।।

अधर व्यथा

अधर कुछ कह ही देते
आँखों से जब कुछ दिखे,
निकल गए शब्द वापस न आए
बहुत पछताये खुद से लड़े,
कुछ शब्द न कहने के
एकदम से ही निकल पड़े,
काश मौन रह जाते
सोच रहे खड़े-खड़े,
पहले सोच के बोले होते
संबंध रहते प्यार भरे,
दुनियादारी समझनी होगी
कुछ रिश्ते हैं बेहद कड़े,
सच्ची बात, कड़वी बात भी
छुपा कर ही रखनी पड़े,
जो न समझे सच्ची बात
चाहे दूरियां रखनी पड़े,
ए दिल दूर रहना उनसे
जो गलत पर ही रहे अड़े।

संवत्सर के तीर बैठ कर

संवत्सर के तीर बैठ कर, नए सपने सजाए हैं।
दिल को जो तोड़ रहा है, पीछे उसे छोड़ आए हैं।।

तिरछी उंगली से घी निकाला तो खरे जमाने हो गए
दुनियादारी जब से जानी, हम भी सयाने हो गए,
अब बेवफाई से बचने को, सही बहाने हो गए
जब से मुंह फट आदत छोड़ी, कई ठिकाने हो गए,
अब इस दुनिया ने ही हमको, नए करतब सिखाएं हैं।
संवत्सर के तीर बैठ कर, नए सपने सजाए हैं।

उल्फत हमने खुद से कर ली, खुद पर ही कुर्बान जिगर,
अब खुद के लिए है जीना, खुद का करा आसान सफर,
राह में अब फूल खिलेंगे ऐसी बनेगी नई डगर
खोने को अब बचा नहीं, देखी जो मेहरबान नजर,
अपनाई चतुरता तभी तो, हीरे मोती पाए हैं।
संवत्सर के तीर बैठ कर, नए सपने सजाए हैं।
दिल को जो तोड़ रहा है, पीछे उसे छोड़ आए हैं।।
संवत्सर के तीर बैठ कर....

भोर की पहली किरण

श्लथ पड़े शरीर में स्फूर्ति भर लाई।
भोर की पहली किरण तिलस्म भर लाई।।

पवित्रता से भरी हुई, निर्मल सी किरण।
अर्द्ध खुले नयनों में चमकी भर लाई।।

जहाँ जरा जगह मिली, चलती चली गई।
रात भर के तिमिर की करती भरपाई।।

राजा और रंक के भेद सब भुला दिये।
सहिष्णुता से वो तो हर तरफ समाई।।

लंबी काली रात को दे देती विराम।
उठ मुसाफिर भोर हुई, देती दुहाई।।

सोता है वो खोता है, रहे हाथ मल!
सुबह में मेहनत की तो, बात बन आई।।

ब्रह्म मुहूर्त पहली किरण, साँस वरदान।
मुर्गे की बांग देखो दे रही सुनाई।।

आहें दरिया की

शिखर से उद्गम, दरिया की धारा
स्वच्छंद विचरण, पर संयम सँवारा,
मानव को ठंडक देने को
उष्णता से किया किनारा,
निर्मलता से परिपूर्ण
अद्भुत सौंदर्य से बहती धारा,
अपने ही रस्ते बहती दरिया
रुकना नहीं कहीं गँवारा,
कुछ नहीं लेती, बस देती है
स्वस्थ जीवन को देती सहारा,
हर प्राणी की प्यास बुझाए
समता से सब को पुकारा,
बिन दरिया न वनस्पति जीवित
हरियाली से मनोरम नजारा,
मार्ग के पत्थरों को तोड़के
अनवरत चलती दरिया की धारा,
उद्गम पर्वत, पर अहंकार से दूर
सागर से आलिंगन करे दरिया की धारा,
स्वच्छ जीवन प्रदान करने को
दरिया ने दिया, अपना आँचल सहारा,
मानव अहंकार से भरा भरा
बदलने चला दरिया का द्वारा, (दरवाजा)
मार्ग में अवरोध पैदा कर करके
दरिया के अस्तित्व को नकारा,
आहें दरिया की सिसक सिसक कर
मजबूरन मानव को न देंगी सहारा,

निर्मल को मलिन करके
मानव ने अपना जीवन धिक्कारा।

सहारा

भूख से मरते को, एक निवाला मिल जाए।
भरा नहीं पूरा पेट पर मौत से वो बच पाए।।

तिनके का सहारा मिलना, बहुत ही बड़ी बात।
टूटी हुई आस को मिल जाए जीवन सौगात।।

मझधार डूबती नैया, अचानक किनारा दिख गया।
मौत से बचने को, आशा का सहारा मिल गया।।

चींटी जल धार में बहती गई, वर्षा ने जुल्म ढाए।
अहो भाग्य चींटी का, एक तिनके ने प्राण बचाए।।

विपत्तियों के घेरे में किसी का सहारा मिल जाए।
भाग्यशाली बन गए, जिन्हें कोई सहारा मिल जाए।।